Ein Tag in Capernaum.

Ein Tag in Capernaum

erzählt

von

Franz Delitzsch.

Leipzig,

Verlag von Justus Naumann.

1871.

Vorwort.

Die folgenden Blätter sind ein Versuch, innerhalb des Rahmens Eines Tages ein anschauliches Bild der galiläischen Wirksamkeit Jesu zu geben. Die geschichtlichen Realitäten sind den Evangelien entnommen, bestehen aber nicht blos in dort Erzähltem, welches · mit allen Mitteln exacter Auslegung und Alterthumsforschung dem Verständniß und der Vorstellung näher gebracht ist, sondern auch in manchen noch wenig beobachteten Zügen, welche sich mittelst Gegeneinanderhaltung, Combination und Schlußfolgerung herausstellten. Die Darstellung der Oertlichkeit in ihrer gegenwärtigen Gestalt ruht vorzugsweise, obwol nicht allein, auf den Werken Robinsons und die Vergegenwärtigung derselben in ihrer alterthümlichen Gestalt auf Josephus und den in Talmud und Midrasch zerstreuten

Notizen, für welche der Verfasser auf das was bereits Reland, Lightfoot, Schwarz, Neubauer zusammengetragen keineswegs beschränkt war. Die Illustration der Zeitverhältnisse und des Volkslebens enthält sich der Dichtung, sie ist durchweg aus der ältesten jüdischen Quellenliteratur geschöpft.

Freilich ist es die Phantasie, welche den evangelischen Geschichtsstoff mit diesen archäologischen Ermittelungen zu einem einheitlichen lebensvollen Gemälde verschmolzen hat. Aber gerade diese Betheiligung der Phantasie war das Schwerste weil Verantwortlichste der Arbeit. Alle Erweiterungen des historisch Ueberlieferten mußten den Mangel an äußerer Bezeugung durch innere Wahrheit decken. Die Volksbewegung, welche das Auftreten Jesu hervorrief, mußte in treu reproducirten charakteristischen Bildern ihrem geschichtlichen Thatbestande gemäß zur Anschauung gebracht werden. Vor allem aber war die Person des Herrn selber nach allen Seiten ihres geheimen und öffentlichen Lebens so vor Augen zu stellen, daß jeder, der ihn ehrt und lieb hat, sagen muß: Wenn auch das hier Erzählte nicht mit allen seinen Einzelheiten überliefert ist, so kann doch die Art und Weise seiner Erscheinung und seines Wirkens, seines Verhaltens in der Einsamkeit und seines Verkehrs mit den Menschen keine wesentlich andere als eine eben solche gewesen sein.

Die Entwerfung eines solchen Bildes ist schwierig. Wir sind uns der unvergleichlichen Heiligkeit und Zartheit der Sache bewußt geblieben und was sich jetzt leichtweg liest, ist (mehr wollen wir absichtlich nicht sagen) sehr lang= sam und oft satzweise in langen Zwischenräumen entstan= den. Die Person Jesu ist das größte Geheimniß und das größte Wunder der Weltgeschichte. Darum berührte sich unsre Aufgabe, wie der Kundige versteht, mit dem centralsten dogmatischen Probleme und vielleicht sind diese Blätter ein Beitrag zu dessen richtiger Lösung. Denn wie immer das Räthsel der geheimnißvollen Vereinigung göttlicher und menschlicher Natur in der Person Jesu Christi zu lösen sein möge (auch der Talmud zählt „Jahve unsre Gerech= tigkeit" unter die Messiasnamen) — das steht fest, daß jede Lösung unhaltbar ist, welche die Einheit seiner Per= sönlichkeit zerspaltet oder die Wahrheit seiner Menschlichkeit beeinträchtigt.

Die Arbeit hat mir so viel Genuß gewährt, daß ich betrübt war, als ich zum Schlusse gekommen war. Ein halbes Jahr lang lebte und webte ich darin. Ich begann sie dictirend, als ich einige Wochen lang des Gebrauchs

I.

Der Schanplatz.

meiner Augen beraubt war. Unter den Stürmen des Krieges fand ich in ihr ein Asyl meiner Gedanken. Ich entschädigte mich dadurch für Oberammergau. Denn das Geheimniß des Eindrucks des dortigen Passionsspiels besteht darin, daß es nichts Wonnigeres gibt, als sich im Aufblick zu dem erhöheten Heiland in das Leben des hienieden wandelnden hineinzuleben und hineinzuträumen.

Leipzig, geschrieben im Sommer 1870.

F. D.

I.

Der Schanplatz.

Vergangene Ereigniffe nachzuerleben und aus dieſem Nacherleben heraus lebendig zu vergegenwärtigen iſt die Kunſt des Geſchichtſchreibers. Und alterthümliches Leben dergeſtalt aus dem Tode des Notizenkrams wiederzuer= wecken, daß wir wie Zeitgenoſſen mitten in das durch Na= turverhältniſſe und Sitte beſtimmte Getreibe hineinverſetzt werden iſt die Kunſt des Archäologen. Kommt aber die Fantaſie hinzu, welche ſkizzenhaft überlieferte Geſchichten mit Hülfe gründlicher Alterthumsforſchung zu ausführ= lichen Geſchichts= und Sittenbildern erweitert: ſo entſteht zwar ein Gemiſch von Wahrheit und Dichtung, aber auch die Dichtung wird Wahrheit ſein, wenn ſie was ſie hinzu= bringt nicht aus der Luft greift, ſondern aus lange ge= pflogenem Geiſtesverkehr mit den auftretenden Perſonen und ihrem Volke und ihrem Zeitalter zu ſchöpfen befähigt iſt. Baco nennt einmal den Geſchichtſchreiber einen umge= kehrten Propheten. Er iſt, wenn er nicht an der Ober= fläche des Geſchehenen haftet, ſondern das Geſchehene ſich

Vergangene Ereignisse nachzuerleben und aus diesem Nacherleben heraus lebendig zu vergegenwärtigen ist die Kunst des Geschichtschreibers. Und alterthümliches Leben dergestalt aus dem Tode des Notizenkrams wiederzuerwecken, daß wir wie Zeitgenossen mitten in das durch Naturverhältnisse und Sitte bestimmte Getreibe hineinversetzt werden ist die Kunst des Archäologen. Kommt aber die Fantasie hinzu, welche skizzenhaft überlieferte Geschichten mit Hülfe gründlicher Alterthumsforschung zu ausführlichen Geschichts= und Sittenbildern erweitert: so entsteht zwar ein Gemisch von Wahrheit und Dichtung, aber auch die Dichtung wird Wahrheit sein, wenn sie was sie hinzubringt nicht aus der Luft greift, sondern aus lange gepflogenem Geistesverkehr mit den auftretenden Personen und ihrem Volke und ihrem Zeitalter zu schöpfen befähigt ist. Baco nennt einmal den Geschichtschreiber einen umgekehrten Propheten. Er ist, wenn er nicht an der Oberfläche des Geschehenen haftet, sondern das Geschehene sich

1*

und Andern begreiflich und vorstellbar macht, ein rückwärts
gekehrter Visionär. Zumal aber solche Gemälde, welche
alterthümliche Ereignisse in allen Zusammenhängen ihres
Hergangs sich vor unsern Augen abwickeln lassen, wollen
nicht sowohl erfunden als nachdem man sich durch gewissen=
hafte Vorstudien prädisponirt hat erschaut sein.

So unsere Aufgabe fassend machen wir auf einige
Zeit das niedergaliläische Westufer des Genesaret=See's
zur Heimath unsrer Gedanken. Kein Binnengewässer der
Erde kann sich mit diesem Genesaret=See an Berühmtheit
messen. Das Becken, das er füllt, verdankt seine Ent=
stehung bis heute innerirdisch fortarbeitenden vulcanischen
Kräften. Die große basaltische Ebene, welche das palästi=
nische Kreidegebirgsland quer durchschneidet, erstreckt sich
bis an seine westlichen Ufer, und dicht hinter den Kreide=
bergen des östlichen Ufers beginnen wieder unabsehbare
basaltische Gebilde[1]. Die lange Thalfurche, von der es
einen Bestandtheil bildet, liegt so tief unter dem Meeres=
spiegel, daß es kaum eine tiefere Senkung der Erdober=
fläche gibt. In dieser Thalfurche, welche wie ein Festungs=
graben Westpalästina, das eigentliche Canaan, das Land
Israel im engern Sinne, von Ostpalästina scheidet, fließt
der Jordan, vom Fuße des Libanon herabkommend und
durch den Genesaret=See, wie der Rhein durch den Boden=
see, die Rhone durch den Genfersee, seinen Lauf nehmend,

um weiter südlich im sogenannten todten Meere zu erster=
ben[2]. Es ist dem heiligen Lande eigenthümlich, daß es auf
verhältnißmäßig kleinem Raume die verschiedenartigsten
Bodengestaltungen und Landschaftscharaktere vereinigt. Die
Südhälfte des Genesaret=See's, nämlich die westliche, wo
der Bergkamm minder jäh abstürzt, und die Gegend von
Jericho haben Klima und Vegetation eines Tropenlandes.

Aber welches Jahrhundert, welche Geschichtsepoche sollen
wir wählen, um uns auf dem Westgestade des Genesaret=
See's heimisch zu machen? Wenn wir die sechs Wegstun=
den seines Gestadesaumes von Süd nach Nord, wo die
Gegend immer noch lieblich, aber einförmiger ist, bis un=
fern von der Einmündung des Jordans durchwandern, so
werden von Schritt zu Schritt geschichtliche Erinnerungen
in uns wachgerufen, und es ist fraglich, durch welche wir
uns fesseln lassen.

Von Jerusalem herkommend und das Jordanthal auf=
wärts wandernd, treffen wir am Südwestende des See's,
da wo der Jordan ausmündet, einen auf Bogen ruhenden
Damm über Morastboden und die Ueberreste einer zehn=
bogigen Brücke über den Jordan[3]. Hier lag die Stadt
Tarichia, welche von ihrem Handel mit Salzfischen den
Namen bekommen hat[4]. Sie ruft uns eine der schaurigsten
Scenen des Verzweiflungskampfes mit den Römern, welcher
mit der Katastrophe Jerusalems endete, ins Gedächtniß.

Bei der großen Menge von Booten, über die sie verfügte, bot der See ihr einen anscheinend sichern Rückhalt und nach der Landseite hatte sie jener Josephus, der spätere Ge= schichtschreiber dieses Krieges, der Freund seines Volkes nur insoweit als es ihm Ehre brachte und nicht das Leben kostete, einigermaßen befestigt. Nachdem aber Titus, von seinem Vater Vespasian, dem Oberfeldherrn, entsendet, die undisciplinirte Mannschaft Tarichia's in freiem Felde aufs Haupt geschlagen, war er selbst der Erste, der in die Stadt hineinsprengte; sie ward ohne Gegenwehr überrumpelt, denn die Einwohnerschaft wollte den Frieden und ließ die Kriegsfanatiker im Stiche. Die Römer aber metzelten ohne Unterschied Wehrlose wie Bewaffnete nieder, und da ein großer Theil der Einwohner sich in die Boote gerettet hatte und auf dem See umhertrieb, ließ Vespasian zu ihrer Verfolgung so schnell als möglich Flöße bauen, die er mit Truppen bemannte. An einen Kampf in Schlacht= ordnung konnte die dünne Bemannung der Boote nicht denken. Die Steine die sie warfen prallten an den römi= schen Panzern ab. Näherte sich ein Boot den Flößen, so wurde es in Grund gebohrt, oder die Römer sprangen hinüber und machten die Flüchtlinge nieder. Die welche schwimmend den Schwertern und Speeren zu entgehen suchten, wurden mit Pfeilen erschossen oder geriethen unter die Flöße; wollte sich einer daran festhalten, so wurden ihm die Hände oder der Kopf abgehauen. Die Boote, die sich am längsten hielten, wurden umzingelt und die Leute darauf entweder schon auf dem Wasser durchbohrt oder von den Truppen am Ufer mit dem Todesstoß empfangen. Die Zahl der in Tarichia selbst und auf dem See Umgekommenen belief sich nach Josephus' Angabe auf 6500. Der Genesaret=See war wie eine große Blutlache und das Gestade blieb lange mit Schiffstrümmern und angeschwemmten Leichen bedeckt, welche in der Sonnenhitze verwesten und die Luft verpesteten[5]. Bei solchen Gräueln des unglückseligen Krieges zu verweilen, in welchem sich die nationale Selbstständigkeit des jüdischen Volkes unter furchtbaren Convulsionen verblutet hat, sind wir nicht gewillt. Die weltgeschichtlich große Gegenwart, in der wir leben, hat uns mit Bildern des Krieges bereits übersättigt.

Von dort wo Tarichia stand begeben wir uns auf die Straße, welche den See entlang sich nach Tiberias hinabsenkt. Nachdem wir eine Stunde zugeschritten, haben wir links vom Uferrande die altberühmten Thermen (heißen Quellen) von Tiberias[6] vor uns: das alte und neue Badehaus und das überwölbte Bassin, von welchem aus das fast bis zum Siedpunkt heiße Wasser des Hauptquells zum neuen Badehause geleitet wird; eine genaue chemische Analyse fehlt zur Zeit noch, sie wird aber ohne Zweifel die naheliegende Vergleichung dieser auch jetzt noch vielbe=

nützten Thermen mit den alkalinischen Schwefelquellen von Aachen bestätigen. Das jetzige Tabarîje liegt eine halbe Stunde weiter abwärts auf einer schmalen Thalstrecke am Fuße des hier ziemlich steil ansteigenden Bergrückens. Daß aber die alte Stadt sich bis nahe an das Bad erstreckte, zeigen die ansehnlichen Trümmer, die uns entgegentreten: die Reste alter Unterbauten und Mauern und die umher= liegenden granitenen Säulen, von denen eine sogar noch aufrecht steht. Wie oft hat dieses Tiberias die Herren ge= wechselt: es hat unter der Botmäßigkeit der weströmischen Kaiser, der oströmischen Kaiser, der Chalifen, der Kreuz= fahrer, der Türken und eine kurze Zeit auch Napoleon Bonaparte's gestanden, aber kein schrecklicheres Verhängniß ist über dasselbe ergangen, als am 1. Januar 1837, wo ein Erdbeben den vierten Theil seiner Bewohner, ungefähr 700 Menschen, unter den einstürzenden Häusern begrub. Im römischen Kriege blieb die Stadt unversehrt: sie trug den Namen des Kaisers Tiberius. Kaiser Nero hatte sie dem Könige Judäa's Agrippa geschenkt und als Vespasian mit drei Legionen am Südende des See's lagerte, da brach sie mit der Revolution, deren Häupter sie bis jetzt terrorisirt hatten, und flehte um Gnade. So gerettet wurde Tiberias für die folgenden Jahrhunderte der Mittel= und Höhepunkt aller der Bestrebungen, welche auf Selbst= behauptung des jüdischen Volksthums in seiner geistigen

Einheit und Größe gerichtet waren[7]. Aber in anderer Beziehung war es der Tiefpunkt, bis zu welchem dessen bis-
herige Hoheit herabsank. Nachdem das Synedrium seines
Sitzungssaales im Tempel, der sogenannten Quader-
kammer[8], verlustig gegangen war, wanderte es, wie der
Talmud sagt, von Ort zu Ort, bis es sich endlich von der
galiläischen Hauptstadt Sepphoris in den tiefen Thalkessel
von Tiberias herab verlegte[9]. Unter die Anzeichen, welche
die Erscheinung des Messias begleiten, gehört nach talmudischen Aussprüchen auch dies, daß Galiläa verwüstet werden wird und daß die aus der Grotte von Paneas sich
ergießenden Gewässer des Jordans sich in Blut verwandeln werden[10]. Als die Römer zur Belagerung Jerusalems schritten, hatten sie bereits Galiläa niedergeworfen
und in einen großen Leichen- und Trümmerhaufen ver-
wandelt. Das Anzeichen hatte sich verwirklicht, aber das
Judenthum verlegte demungeachtet die messianische Hoffnung in die Zukunft und knüpfte sie an Tiberias. Von
Tiberias aus — so sagte man — wird Israel erlöst werden; in Tiberias wird der große Gerichtshof wieder ins
Leben treten und nach dem Tempel übersiedeln; in Tiberias
wird die Auferstehung der Todten um vierzig Jahr früher
erfolgen als anderwärts[11]. Bei dieser Fülle von Erleb-
nissen und Sagen, welche uns Tiberias entgegenbringt,
könnten wir uns versucht fühlen, bei dieser Stadt Halt zu

machen. Der Genesaret-See, welcher als der von Gott erkorene unter den sieben Seeen des heiligen Landes gilt[12], hat ja von ihr den Namen des Meeres von Tiberias empfangen. Dennoch drängt es uns weiter — lebe wohl, Tiberias schetôba resjathah deren Aussehen schön ist, wie dein Name lautet[13]! Weder die Grabstätte Zippora's der Tochter Jethro's noch die Grabstätte Rabbi Akiba's — alle deine berühmten Gräber[14] können uns nicht halten; wir wandern weiter, bei dem Lebendigen das Leben suchend und nicht bei den Todten.

Der Weg weiter aufwärts am See führt nun aus der Niederung von Tiberias[15] über den Fuß des Berges weg, welcher sich bis dicht an das Ufer hinab erstreckt. Wir passiren eine kleine Thalspalte, durch welche der Weg nach Damask von Tabor her in den unsrigen einmündet. Hier geht es eine Strecke weit über ebenen Boden mit Busch= werk von Oleander und Nebek (Zizyphus lotus) und links von uns rieselnden Quellen, dann reicht das Gebirge wieder bis ans Ufer herunter und der See liegt, indem wir weiter schreiten, uns zu Füßen. Nachdem wir von Tiberias aus eine Stunde lang zugeschritten sind, thut sich uns eine Ebene auf, welche bogenförmig von Bergen ein= geschlossen ist, und vorn liegt unterhalb dieser zackigen zer= klüfteten Berge das ehemals reiche und üppige, jetzt zu einem elenden Dorfe herabgesunkene Magdala. Wir

können es nicht nennen hören, geschweige sehen, ohne uns
jenes Weibes zu erinnern, welcher Der, den sie für den
Gärtner Josephs von Arimathia hielt, mit dem Einen
Worte „Maria" die Seele entwölkte, so daß sie mit dem
Rufe „Rabbuni" niederfiel, um anbetend seine Füße zu
umfaffen. Aber so sehr uns Magdala um dieser Einen
Erinnerung willen anheimelt, so ist doch auch hier nicht
unseres Bleibens, denn höher als Jünger und Jüngerin
steht uns der Meister.

Eine Viertelstunde westlich von Magdala öffnet sich
die tiefe Kluft des Wadi Hamâm d. h. Wildtauben=Thals
mit den ehedem zu einem großartigen Festungswerk ver=
bundenen Höhlen in den steilen Felswänden zu beiden
Seiten; hier hatten sich zur Zeit des Königs Herodes
kühne Abenteurer festgesetzt, welche der idumäisch=römischen
Fremdherrschaft Trotz boten — Herodes lieferte ihnen eine
siegreiche Schlacht und rottete sie dann dadurch aus, daß
er die Stärksten seiner Leute in Kästen an den Felsklippen
zu den Höhlen hinabließ; sie zogen alle der Ergebung den
Tod vor, Einer von ihnen tödtete seine sieben Kinder, in=
dem er eins nach dem andern an den Eingang der Höhle
hervorrief, und als Herodes von ferne durch eine Handbe=
wegung ihn bat einzuhalten, verfluchte er den edomitischen
Thronräuber, tödtete zuletzt auch noch sein Weib, warf die
Leichen die Felswand hinab und stürzte sich selbst ihnen

nach)[16]. Freundlichere Erinnerungen weckt das Ruinenfeld
von Irbid, das alte Arbel, welches wir von dieser
Thalschlucht aus nach viertelstündigem steilen Steigen vor
uns haben. Aus diesem ehedem durch Getreidebau und
geschätzte Seiler=Arbeiten wohlhäbigen Orte[17] stammt der
in die Entstehungsgeschichte des Synedriums verflochtene
berühmte Nittai der Arbelit, dessen Wahlspruch lautete:
„Ziehe weit weg von einem bösen Nachbar und mache nicht
gemeinschaftliche Sache mit dem Gottlosen, und halte fest
an der Hoffnung auf gerechte Vergeltung"[18]. Hier am
Rande des Berges, der in die Thalschlucht und nach Mag=
dala hinschaut, giengen einmal der aus Babylonien ge=
kommene R. Chija und der aus Sepphoris gebürtige R.
Simon ben=Chalefta vor Sonnenaufgang hin und her
und sprachen über das Geschick ihres Volkes, welches nicht
lange erst die verunglückte Erhebung unter dem Pseudo=
messias Barcochba und die blutige Verfolgung unter Kaiser
Hadrian erlebt hatte. Da wurde die Hindin der Morgen=
röthe sichtbar, das ist, die ersten Morgensonnenstrahlen,
welche von den Semiten mit dem Geweih eines Hirsches
oder einer Gazelle verglichen werden, spalteten den geröthe=
ten Osthimmel. Birabbi, hob R. Chija an, indem er mit
dieser ehrenden Anrede den R. Simon festhielt und auf
diesen ersten Durchbruch der Morgensonne hinzeigte: das
ist ein Bild der Erlösung Israels. Klein und unscheinbar

beginnt sie, wie der Prophet sagt (Micha 7, 8): So ich im
Finstern sitze, so ist doch der HErr mein Licht, aber um
mit steigender Macht sich zu vollenden, wie Mordechai
erst im Thore des Palastes saß, um etwas über Esters
Geschick zu erlauschen, dann aber hoch zu Roß im könig=
lichen Purpur zu Licht und Freude seinem Volke (Est. 2,
21. 8, 15 f.)[19]. — — Aber ist die Sonne der Erlösung
nicht bereits aufgegangen und allerdings, wie Ps. 22 zeigt,
so daß ihre Erstlingsstrahlen durch blutiges Roth hindurch=
blitzten? Darum ergreifen wir wieder den Wanderstab,
nachdem wir auf einem der hier umherliegenden Säulen=
schäfte uns in das alte Arbel und in seine alte von diesen
Säulen getragene Synagoge zurückgeträumt, und steigen
abwärts in die Ebene zurück.

Wir befinden uns hier in dem eigentlichen Ginne=
sar-Thale[20], wo in alter Zeit, ehe Krieg auf Krieg diese
paradiesische Landschaft verheerte, neben andern edeln
Fruchtbäumen auch die Dattelpalme gepflegt ward. Hier
war es, wo Rabbi Elisa ben=Abuja aus Jerusalem, der
reichbegabte Lehrer des Gesetzes, den Keim inneren Zerfalls
mit der jüdischen Religion in sich aufgenommen haben
soll[21], den er weiterhin unter eifriger Lectüre griechischer und
besonders gnostischer Schriften bis zur giftigen Frucht voll=
endeter Apostasie ausreifen ließ — ein durch gottentfrem=
deten Weisheitsdurst in dämonische Lastertiefe hinein=

nach ... Freundlichere Erinnerungen weckt das Ruinenfeld von ....., das alte Arbel, welches wir von dieser Thalschlucht aus nach viertelstündigem steilen Steigen vor uns haben. Aus diesem ehedem durch Getreidebau und geschätzte Seiler=Arbeiten wohlhäbigen Orte[17] stammt der in die Entstehungsgeschichte des Synedriums verflochtene berühmte Rinai der Arbeln, dessen Wahlspruch lautete: „Ziehe weit weg von einem bösen Nachbar und mache nicht gemeinschaftliche Sache mit dem Gottlosen, und halte fest an der Hoffnung auf gerechte Vergeltung"[18]. Hier am Rande des Berges, der in die Thalschlucht und nach Mag= dala hinschaut, giengen einmal der aus Babylonien ge= kommene R. Chija und der aus Sepphoris gebürtige R. Simon ben=Chalefta vor Sonnenaufgang hin und her und sprachen über das Geschick ihres Volkes, welches nicht lange erst die verunglückte Erhebung unter dem Pseudo= messias Barcochba und die blutige Verfolgung unter Kaiser Hadrian erlebt hatte. Da wurde die Hindin der Morgen= röthe sichtbar, das ist, die .... Morgensonnenstrahlen, welche von den Semite........ weih eines Hirsches oder einer Gazelle ve............. alteten den .... ten Osthimmel. .... hija an, und ...... dieser ehrenben........... .....mon festhi.... diesen ersten ....rgensonne ...... ist ein ....lein ......

... Eiw ist denn nur die Frage Gottes, das verheißene Wohl-
ergehen und lange Leben, auf welches gerade dieser und
nicht jener zu rechnen hatte? — Solche und ähnliche Vor-
gänge machten ihn an Gottes Gerechtigkeit und Wahrheit
irre. Sein einziger Halt blieb Rabbi Meïr, der nicht
milde ward, auch von dem Abtrünnigen noch zu lernen
und ihn zur Umkehr zu ... nen. Er unterbrach seinen
Vortrag in dem ... ...se von Tiberias[23], als er

hörte, daß Elisa dem Sabbat zu Trotz durch die Stadt
reite, und lief ihm nach, um von ihm zu lernen und ihn wo
möglich zurechtzubringen. Er stand am Bett des Sterbenden
und brachte ihn, der sich für unrettbar verloren hielt, wenig=
stens zum Weinen. Und als aus dem Grabe des Aposta=
ten eine Feuergarbe emporstieg, um es hinwegzutilgen,
breitete — so gieng die Sage — R. Mëir seinen Mantel
darüber und rief dem Todten mit Worten des Buches
Ruth zu: „Durchschlafe diese Nacht (nämlich des Todes)
und wenn Er (nämlich Gott) mit Morgenanbruch dich
erlöset, nun wohl, so thue ers; wenn er dich aber nicht
erlösen will, so werde ich, so wahr der HErr lebt, dich
erlösen — so ruhe denn bis zum Morgenanbruch!" Es
ist eben jener R. Mëir, welcher, als er in Asia starb, den
Umstehenden sagte: „Bringt meinen Sarg an den Meeres=
strand hinab, damit er von den Wellen bespült werde,
welche das heilige Land bespülen", und in dem Bewußt=
sein, ein Heiliger und wohl noch mehr als das zu sein, hin=
zusetzte: „Meldet den Bewohnern des Landes Israel, daß
hier ihr Gesalbter (meschiach) liegt"[24]. Aber genug der
bis Kleinasien reichenden Geschichten, welche uns die Gin=
nesar=Palmen erzählen; wir ziehen weiter, denn es winken
uns die Erinnerungen eines Lehrers, der auf so hohes
Selbstbewußtsein ein größeres Recht hatte als Rabbi
Mëir.

fragte er mißtrauiſch: Seid ihr Kinder meines Volkes?
Dabei aber blickten ſeine Augen unter den buſchigen Brauen,
die ſo weiß waren wie ſein Bart, ſo vertrauenerweckend und
ſchwärmeriſch innig, daß ich ihn hätte umarmen mögen
und mit Begeiſterung ausrief: Nein, aber Freunde Iſraels
ſind wir und ſolche die ſich ſehnen zu ſchauen den Troſt
Jeruſalems[27]. Und weil wir das ſind und jede Spanne
des heiligen Landes uns wichtig iſt, mußt du uns auch ſagen:
Was ſitzeſt du hier? was beteſt du hier? was beobachteſt
du hier? Es iſt ein großes Geheimniß[28], erwiderte er, das
ihr zu wiſſen begehret, aber ich will es euch nicht verſchwei=
gen, denn Gott hat uns zuſammengeführt und ihr habt
mir das Herz erſchloſſen. Ich bin fünfzig Jahre lang Rabbi=
ner einer Gemeinde in Volhynien geweſen und habe nichts
geſchrieben, aber um ſo mehr geleſen und geforſcht. Schon
ſeit meiner Knabenzeit, als ich Raſchi zum Chumeſch (Pen=
tateuch) und die Targumim und den Talmud zu leſen be=
gann, hat kein Gegenſtand der alten Sage mich ſo ſehr
angezogen und beſchäftigt wie der Brunnen Mirjams[29].
Nachdem ich hieher nach Tiberias gepilgert war, um am
mütterlichen Buſen meiner Heimath zu ſterben und in hei=
liger Erde begraben zu werden, iſt es eine meiner erſten
Fragen geweſen: Brunnen Mirjams? Man
. . . nicht o . . . r, um nicht unwiſſend
. . . nen[30] iſ . . . .

Der Weg ist reizend. Er führt durch ein Spalier blühender Oleanderbäume hindurch, deren Rosenguirlande links einen Hain von Nebelbäumen, Oliven und Feigen, rechts den See umsäumt, in dessen Blau der Azur des Himmels sich spiegelt[25]. Nach einer guten Viertelstunde gelangen wir an den hinter Bäumen und Gebüsch versteckten, von niedriger runder Mauer eingeschlossenen Ain el=mubâware, das große Becken eines schönen fischreichen Quelles, welcher, die Ebene bewässernd, dem See zuströmt, und um einen Ueberblick über dieses herrliche Ginnesar= Thal zu gewinnen, können wir es uns nicht versagen, den Berg oberhalb des Quelles zu besteigen. Oben ange= kommen sind wir nicht wenig überrascht, am äußersten Bergrand einen Menschen sitzen zu sehen. Der schwarze Kaftan verräth uns sofort den polnischen Juden; der Tal= lith (das Gebetstuch), das er übergeworfen (oben wo es auf dem runden Hute aufliegt ist es reich gestickt), zeigt daß er betet, und da er den Tallith vorn auf der Brust zusammenhält, sieht er weder rechts noch links, sondern nur vorwärts in der Richtung nach dem See. Wir ver= suchen zu warten bis sein Gebet zu Ende, aber da es kein Ende zu nehmen scheint, trete ich hinzu, klopfe ihn auf die Schulter und begrüße ihn mit den Worten: Gesegnet sei den ich hier treffe auf heiligen Bergen[26]! Er fuhr freudig empor, aber als er uns eine Zeit lang forschend angesehen,

fragte er mißtrauisch: Seid ihr Kinder meines Volkes?
Dabei aber blickten seine Augen unter den buschigen Brauen,
die so weiß waren wie sein Bart, so vertrauenerweckend und
schwärmerisch innig, daß ich ihn hätte umarmen mögen
und mit Begeisterung ausrief: Nein, aber Freunde Israels
sind wir und solche die sich sehnen zu schauen den Trost
Jerusalems[27]. Und weil wir das sind und jede Spanne
des heiligen Landes uns wichtig ist, mußt du uns auch sagen:
Was sitzest du hier? was betest du hier? was beobachtest
du hier? Es ist ein großes Geheimniß[28], erwiderte er, das
ihr zu wissen begehret, aber ich will es euch nicht verschwei=
gen, denn Gott hat uns zusammengeführt und ihr habt
mir das Herz erschlossen. Ich bin fünfzig Jahre lang Rabbi=
ner einer Gemeinde in Volhynien gewesen und habe nichts
geschrieben, aber um so mehr gelesen und geforscht. Schon
seit meiner Knabenzeit, als ich Raschi zum Chumesch (Pen=
tateuch) und die Targumim und den Talmud zu lesen be=
gann, hat kein Gegenstand der alten Sage mich so sehr
angezogen und beschäftigt wie der Brunnen Mirjams[29].
Nachdem ich hieher nach Tiberias gepilgert war, um am
mütterlichen Busen meiner Heimath zu sterben und in hei=
liger Erde begraben zu werden, ist es eine meiner ersten
Fragen gewesen: Wo ist der Brunnen Mirjams? Man
wußte es nicht oder fabelte mir etwas vor, um nicht unwissend
zu erscheinen[30]. Da aber der jerusalemische Talmud sagt[31],

daß man um ihn zu finden ... in die mittlere Thür der alten Synagoge von Serugnin[32] treten und geradaus blicken soll: so fragte ich Juden und Nazarener und Is- maeliter: Wo liegt Serugnin? Aber die Antwort Aller lautete, daß sie nie von einem Orte dieses Namens gehört. So beschloß ich denn nicht zu ruhen und zu rasten, bis ich den mysteriösen Brunnen gefunden, und es gibt keinen günstigen Aussichtspunkt auf den Bergen droben und unten im Thal, wo ich nicht lange gestanden und fragend zum Himmel empor und suchend in den See hinaus ge- schaut hätte. Ich kannte ja alle Kennzeichen: ein kleiner Felsblock, bienenkorbartig rund, siebartig durchlöchert[33]. Es währte aber lange, bis ich endlich (es war am ersten Elûl vorigen Jahres, als der Wasserstand infolge mehr- monatlicher Dürre ungewöhnlich niedrig war) meines langen Lebens Traum und Räthsel und Geheimniß leibhaftig vor mir sah. Seht — sagte er, uns an die Stelle des Berg- rands, wo er gesessen hatte, hinwinkend — der Fels selber ist bei dem jetzigen Wasserstande unsichtbar, aber dort etwas diesseit der Strömung des Jordans, wo das Wasser einen kleinen Strudel bildet und zuweilen Blasen aufwirft, dort liegt der Brunnen Mirjams der Prophetin, Friede über ihr! —

Wir müssen hier des Verständnisses halber einschalten, daß der Mirjam-Brunnen keinem Bibelleser bekannt sein

kann, weil er eine Schöpfung der Sage ist. Wir lesen in
der Schrift daß, als Mirjam in Kadesch Barnea gestorben
war, das Volk über Wassermangel zu klagen beginnt, und
anderwärts daß es auf seinem Wüstenzuge wunderbarer
Weise mit Wasser aus Felsen getränkt ward[34]. Die
Sagendichtung zieht daraus den Schluß, daß vermöge des
Verdienstes Mirjams Israel während der vierzig Jahre
seiner Wanderung über Berg und Thal von einem sich
mit fortwälzenden wasserspendenden Felsen begleitet ward.
Auf diesen Mirjam=Brunnen, den nach Mirjams Tode
dem Volke eine Zeit lang verschwundenen und dann wieder
geschenkten, wird bezogen was wir 4 Mos. 21, 17 lesen:
Damals sang Israel dieses Lied: „Erhebe dich, Brunnen,
lobpreiset ihn[35]!" Mit Mose's Tod verschwand dieser Mir=
jam=Brunnen: Gott barg ihn in dem Meere von Tiberias,
so aber daß wer von dem Berge Jeschimon, einem Gipfel=
punkte des moabitischen Landes, nordwärts nach diesem
Meere hinaufschaut, ihn immer noch in der Gestalt eines
kleinen Siebes zu erkennen vermag[36]. Diese Sage ist
alt, weitverbreitet[37] und so tief in das Volksbewußtsein
eingedrungen, daß sogar von wundersamen Erscheinungen
des Mirjam=Brunnens, als ob er sich noch immer von
einer Stelle an die andere versetzen könnte, gefabelt
wird[38].

Aber — fragte ich unsern treuherzigen Alten — wa=

2*

daß man um ihn zu finden sich in die mittlere Thür der alten Synagoge von Serugnin³² stellen und geradaus blicken soll: so fragte ich Juden und Nazarener und Is= maeliter: Wo liegt Serugnin? Aber die Antwort Aller lautete, daß sie nie von einem Orte dieses Namens gehört. So beschloß ich denn nicht zu ruhen und zu rasten, bis ich den mysteriösen Brunnen gefunden, und es gibt keinen günstigen Aussichtspunkt auf den Bergen droben und unten im Thal, wo ich nicht lange gestanden und fragend zum Himmel empor und suchend in den See hinaus ge= schaut hätte. Ich kannte ja alle Kennzeichen: ein kleiner Felsblock, bienenkorbartig rund, siebartig durchlöchert³³

Es währte aber lange, bis ich endlich (es war am Elul vorigen Jahres, als der Wasserstand infolge monatlicher Dürre ungewöhnlich niedrig war) meines Lebens Traum und Räthsel und Geheimniß leibhaftig vor mir sah. Seht — sagte er, uns an die Stelle des Berg= rands, wo er gesessen hatte, hinwinkend — der Fels bei dem jetzigen Wasserstande unsichtbar, aber diesseit der Strömung des Jordans, wo das kleinen Strudel bildet liegt der Brunn ihr! —

Wir müss daß der Mi

kann, weil er eine Schöpfung der Sage ist.
der Schrift daß, als Mirjam in Kadesch Ba
war, das Volk über Wassermangel zu klagen
anderwärts daß es auf seinem Wüstenzuge
Weise mit Wasser aus Felsen getränkt
Sagendichtung zieht daraus den Schluß, daß
Verdienstes Mirjams Israel während der
seiner Wanderung über Berg und Thal v
mit fortwälzenden wasserspendenden Felsen b
Auf diesen Mirjam=Brunnen, den nach M
dem Volke eine Zeit lang verschwundenen und
geschenkten, wird bezogen was wir 4 Mos.
Damals sang Israel dieses Lied: „Erhebe di
Lobpreiset ihn [35]!" Mit Mose's Tod verschwan
jam=Brunnen: Gott barg ihn in dem Meere
je aber daß wer von dem Berge Jeschimon,
punkte des moabitischen Landes, nordwärts
hinaufschaut, ihn immer noch in der
...bes zu erkennen vermag [36].
...reitet [37] und so tief in
...daß sogar von
...ens, als
anderen

daß man um ihn zu finden sich in die mittlere Thür
alten Synagoge von Zerngnin[32] stellen und geradaus
blicken soll; so fragte ich Juden und Nazarener und Is-
maeliter: Wo liegt Zernguin? Aber die Antwort Al-
lautete, daß sie nie von einem Orte dieses Namens gehört.
So beschloß ich denn nicht zu ruhen und zu rasten, bis
den mysteriösen Brunnen gefunden, und es gibt t-
günstigen Aussichtspunkt auf den Bergen droben
unten im Thal, wo ich nicht lange gestanden und f-
zum Himmel empor und suchend in den See hinab
schaun hätte. Ich kannte ja alle Kennzeichen: ein
Felsblock, bienenkorbartig rund, siebartig durch-
Es währte aber lange, bis ich endlich (es war am
Schluß vorigen Jahres, als der Wasserstand infolge
monatlicher Dürre ungewöhnlich niedrig war) mein-
lebens Traum und Räthsel und Geheimniß leic-
mir sah. Seht — sagte er, uns an die Stelle d-
rands, wo er gesessen hatte, hinwinkend — der Fel-
bei dem jetzigen ... verstande unsichtbar, aber d-
diesseit der St... des Jordans, wo das Wa-
kleinen St...
Liegt der ...
ihr! — ... zuweilen Blasen auf-
... aus der Prophetin ...
... des Verständnisses
... reinem Bil-

an diesem gotterkornen See

..chiedet, verfolgen wir weiter
des Thals, welcher am Fuße
gelangen da, wo diese sich
erstreckt und das Thal
Tuffstein erbautes, jetzt
wo bergauf die Da=
der Khan Minîje.
an Aïn et Tîn, dem
ein darüber stehen=
igt, finden wir den
um diesen lieblichen
wenig zu lagern
dem Duft dieses
luft zu erfrischen.
bis an das Ufer
um gelegen haben?
sind dieser Ansicht.
gemacht zu haben,
amen Minîm com=
allerdings konnte
der Minim heißen.
rliefert, und erst im
...ensbeschreibung Saladins

rum sitzest du denn hier, in den Tallith gehüllt, und star=
rest so unverwandt diesen Mirjam=Brunnen an, den du
entdeckt zu haben glaubst? Seid ihr schon in Meiron ge=
wesen, fragte er. Ja, erwiderte ich, und wir haben dort
am Grabe Rabbi Simeon bar Jochâi's gestanden[39]. Nun
denn, so wisset — fuhr er fort — daß eine Kabbala (Ueber=
lieferung) vorhanden ist, daß hier wo die Erlösung aus
Aegypten mit der Versenkung des Felsenbrunnens ihren
Abschluß gefunden hat auch die künftige Erlösung anheben
wird[40]. Weißt du, fragte ich, daß der Brunnen Mirjams
auch in den heiligen Schriften der Christen erwähnt wird?
Ihr irrt euch, rief er, der See Genesar wird im Evangelion
erwähnt, aber nicht der Brunnen Mirjams. Aber der
Apostel Paulus, entgegnete ich ihm, der zu den Füßen
Rabban Gamaliels, des Enkels Hillels, gesessen, sagt in
seinem ersten Briefe an die korinthischen Christen[41]: Unsere
Väter, die unter dem Geleit der Wolkensäule durch das
Schilfmeer zogen, haben alle einerlei geistlichen Trank ge=
trunken, denn sie tranken von einem geistlichen mitfolgen=
den Felsen — er fügt aber hinzu: der Fels aber, dieser
Mirjambrunnen, war Christus, war Er von dem Jesaia[42]
sagt: Siehe ich lege in Zion einen Grundstein, einen be=
währten Stein, einen köstlichen Eckstein. Aber nun müssen
wir scheiden; du forschest nach den Spuren der mosaischen
Erlösung und wir gehen den Spuren der messianischen

Erlösung nach, die wirklich an diesem gotterkornen See ihren Anfang genommen.

Nachdem wir uns verabschiedet, verfolgen wir weiter den Weg an der inneren Seite des Thals, welcher am Fuße der Bergreihe hinführt, und gelangen da, wo diese sich wieder bis in die Nähe des See's erstreckt und das Thal abschließt, an ein aus basaltischem Tuffstein erbautes, jetzt aber verfallenes Stationshaus, von wo bergauf die Da=maskusstraße sich abzweigt. Es ist der Khan Minîje. Etwas darüber hinausgeschritten und an Ain et Tîn, dem Feigenquell, angekommen, dessen Namen ein darüber stehen=der großer alter Feigenbaum rechtfertigt, finden wir den Smaragdteppich üppigen Grüns rings um diesen lieblichen Quell zu einladend, um nicht dort ein wenig zu lagern und uns durch Einathmung der mit dem Duft dieses herrlichen Weidelandes gewürzten Seeluft zu erfrischen. Südlich vom Khan liegen Ruinen, die bis an das Ufer hin reichen. Sollte etwa hier Capernaum gelegen haben? Robinson und Viele, die ihm folgen, sind dieser Ansicht. Sepp glaubt sie dadurch unumstößlich gemacht zu haben, daß er Minîje mit dem alten Ketzer=Namen Mînîm com=binirt, den man den Christen gab, und allerdings konnte Capernaum vor andern Ortschaften die der Minim heißen. Aber diese Benennung ist nirgends überliefert, und erst im J. 1189 in einer arabischen Lebensbeschreibung Saladins

taucht der Name Minije auf[48]. Und die Verlegung Ca=
pernaums in die Nähe des Khan Minije ist schon deshalb
verwerflich, weil nach glaubwürdiger ältester Ueberlieferung
das ganze Westufer des Genesar=See's dem Stamme Naf=
tali zugehörte[44], Capernaum aber lag nach Matth. 4, 13
auf den Grenzen Sebulons und Naftali's und also weiter
nördlich, da wo am Nordende des See's das Stammge=
biet Sebulons mit dem vom naftalitischen Gebirg und dem
Meromsee herabreichenden Stammgebiete Naftali's zu=
sammenstößt[45]. Aber ein alter Ort lag hier allerdings.
Anwohner der Feigenquelle begaben sich einmal nach dem
in südwestlicher Richtung landeinwärts gelegenen Seppho=
ris, um einem hochgestellten Manne daselbst einen Gratu=
lationsbesuch zu machen, und es wird erzählt, daß R.
Simeon ben=Chalefta, dessen wir schon oben auf der Höhe
von Arbel gedachten, beim Stadtthore von Sepphoris von
einer Schaar ungezogener Kinder eines dortigen Gehöftes
umringt ward, die ihn nicht von der Stelle lassen wollten,
bis er ihnen etwas vorgetanzt habe[46]. Mich, ruft einer
unsrer Begleiter, erinnert der Feigenbaum dort an die
Geschichte von Hadrian und dem hundertjährigen Alten.
Der Kaiser bereiste einmal die Gegend von Tiberias und
rief einem Greise, der mit Graben beschäftigt war, um
junge Bäume einzusetzen, zu: Alter! Alter! so etwas thut
man am Morgen, aber nicht am Spätabend des Lebens.

Ich war in der Jugend thätig, erwiderte er, und will es
auch im Alter sein, der Erfolg steht bei Gott. Glaubst
du denn, fragte der Kaiser, noch die Früchte dieser Bäume
zu genießen? Vielleicht sagte er, wenn Gott mich dessen
würdigt; wo nicht, so thue ich das Gleiche für meine Nach=
kommen was für mich meine Vorfahren thaten. Da rief
der Kaiser: Wenn du es erlebst, so beschwöre ich dich, es
mir zu melden. Nach Verlauf einiger Jahre erschien der
Greis mit einem Korb voll Feigen im Kaiserpalaste; Hadrian
hieß ihn auf einen goldenen Sessel sich niederzulassen und
befahl, den Korb zu leeren und dafür mit Golddenaren
zu füllen, indem er den erstaunten Dienern sagte: Er ehrt
seinen Schöpfer, und ich sollte ihn nicht ehren? Als aber
ein anderer Bewohner dieses schönen Geländes, von seiner
Frau angestachelt, dem Kaiser gleichfalls in Hoffnung kai=
serlicher Bezahlung einen Korb mit köstlichen Feigen brachte,
befahl Hadrian, daß man den zudringlichen Menschen unten
am Thore des Palastes stehen lasse und daß jeder Aus= und
Eingehende ihm eine seiner Feigen ins Gesicht werfe. Als
er in seine Heimath zurückgelangt war, hatte sein geld= und
ehrgeiziges Weib nicht einmal mit ihm Mitleid, sondern sagte
höhnisch: Geh und erzähle deiner Mama, wie glücklich du
warst, daß es nur Feigen und nicht Paradiesäpfel und
obendrein reife Feigen gewesen sind, denn wo nicht, welch
ein Gesicht hättest du dann nach Hause gebracht[47]! — —

Aber, Brüder, wir sind nicht hier, nette Geschichten zu hören und schöne Gegenden zu sehen — wir sind hier, um die Jesus=Stadt, um die Messias=Stadt, um die Stadt am See näherzu nach der Grenze der Heiden aufzusuchen, wo sich das Wort Jesaia's erfüllt hat: Das Volk so im Finstern wandelt, siehet ein großes Licht und über die da wohnen im finstern Lande scheinet es helle[48].

Einen Weg am See, auf dem wir weiter kommen könnten, gibt es nicht; nur ein alter Aquädukt räthselhafter Bestimmung, ein in Stein gearbeitetes Rinnsal, läuft längs des Ufers hin. So nehmen wir denn unsern Weg über den felsigen Ausläufer des Berges, welcher im Norden das Genesar=Thal abschließt. Zur Rechten wallt der blaue See und vor uns in der Ferne streckt der Hermon sein weißes Haupt in den blauen Aether. Der hehre wonnige Anblick versetzt uns in andächtiges Schweigen. Indem wir nach einer Viertelstunde in den Mühlgrund von Tabigha[49] mit seinen mächtigen Quellwassern hinab=steigen, bricht unser Freund das Schweigen und sagt: Seid ihr denn so gar griesgramig, daß ihr keine nette Geschichte mehr hören wollt? Immerhin, ist die Antwort, aber sie muß von Capernaum handeln. Darauf er: Was meine jüdischen Quellen über Capernaum sagen, ist leider nicht erhebend und erheiternd. Capernaum gilt als ein Haupt=sitz der Minim (Falschgläubigen d. i. Judenchristen) und was die Juden diesen nachsagten, ist um nichts besser als was die Heiden von den alten Christen fabelten. Eine Geschichte aber ist wenigstens tragikomisch. Chanina, der Neffe des R. Josua — so wird erzählt — begab sich nach Capernaum, da thatens ihm die dortigen Minim an, daß er an einem Sabbattage auf einem Esel reitend in der Stadt erschien. Wieder zu sich selbst gekommen, nahm er zu seines Vaters Bruder R. Josua seine Zuflucht, der bestrich ihn mit einer Salbe und heilte ihn so von seiner Verhexung, sagte ihm aber: Nachdem der Esel jenes Gott= losen dich bethört hat, kannst du nicht länger im heiligen Lande wohnen. So zog er denn nach Babylonien und entschlief dort im Frieden[50]. Der „Esel jenes Gottlosen" der ihn angewiehert, war die thörichte Predigt von dem Gekreuzigten.

Die Nähe des Zieles beflügelt unsre Schritte. Noch eine Stunde, und wir befinden uns auf dem großen Ruinenfelde von Tell Hûm und bahnen uns durch Gras und Gestrüpp den Zugang zu den überraschend großartigen Ueberresten des alten Capernaum[51]. Es gibt kein Ruinenfeld am Genesar=See, welches mit diesem an Masse und Ausdehnung und Spuren entschwundener Herrlichkeit sich messen könnte. Hier, ja hier, rufen wir wie aus Einem Munde, wollen wir bleiben und nicht von dannen gehen, bis diese Trümmer vor unserm Geiste wieder empor=

gestiegen sind und bis wir den erschaut haben, welcher einst hier gewohnt, zwischen diesen Häusern gewandelt und in dieser Synagoge sich als Begründer einer neuen Zeit in seiner Weisheit und Wundermacht geoffenbart hat.

———

II.

Der Morgen.

„Nun sind wir da, mein Vater", sagte ein etwa zwölfjäh=
riges Mädchen, die einen ältern Mann an der Hand führte,
und als sie einige Schritte weiter gegangen, rief sie aus:
„Wie glücklich sind wir, die Bank vor dem Hause ist noch
unbesetzt." Indem sie das sagte, eilte sie in der Richtung
nach der Bank vorwärts und zog den Vater hinter sich
her. Dort angekommen, drückte sie den Blinden auf die
Bank nieder, indem sie sagte: Gott sei Dank, der bis
hieher geholfen! Aber, sagte er, ist es denn auch sein
Haus? Ich werde es doch kennen, erwiderte sie, da ich
mich hier so oft hindurch gedrängt, um die holdseligen
Worte seines Mundes zu hören. Aber — fuhr er fort
— wird er denn auch zu Hause sein und nicht auf Reisen?
Wir müssen hoffen, sagte sie, daß man mich recht berichtet;
doch bleib hier still sitzen, ich will ein wenig zusehen und
lauschen.

Es war die Zeit des Uebergangs der mittleren Nacht=
wache in die dritte, der Sternenhimmel funkelte in der

vollen Pracht seiner mit Diamanten und Juwelen besäeten
Diademe. Das Mädchen stellte sich in einiger Entfernung
mitten vor dem von Sternenlicht umwobenen Hause auf
und heftete unverwandt darauf ihre großen Augen, beson=
ders auf das Zimmer rechts unterhalb der Plattform,
welches von einem mattschimmernden Lichte erleuchtet war.
Als eine Gestalt schattenhaft an dem durchbrochenen Fenster
sichtbar ward, stieß sie einen Schrei aus, sank in die Kniee
und beugte sich mit ihrem Antlitz zur Erde nieder. In
dieser betenden Lage verharrte sie lange, bis der Ruf ihres
Vaters: Peninna, Peninna, warum läßt du mich so allein?!
sie wieder aufschreckte.

Unterdeß belebte sich der Platz vor dem Hause immer
mehr. Von verschiedenen Richtungen her vernahm man
in der nächtlichen Stille den dumpfen Hall von Tritten
und Stimmen. Hier kam ein Mann, der ein Kind auf
dem Rücken trug, dessen leidendes Haupt vorn über seine
Schulter herabhing; dort kamen Zwei, die einen Dritten
in einer Hangematte trugen und indem sie den Kranken,
ehe sie ihn die Anhöhe hinauftragen, um ein wenig zu
ruhen, auf den Boden niederlassen, vernimmt man sein
durch die Härte des Lagers hervorgetriebenes Gewimmer.
Von der Ostseite des See's her, wo die von Damaskus
nach der Mittelmeer=Küste führende Landstraße den Gene=
saret=See streift, trabt, von einem älteren und jüngeren

Manne geführt, ein Kameel daher, welches auf dem
Frauensattel ein dichtvermummtes und zusammengekrümm=
tes leidendes Weib trägt. Geführt oder getragen kommen
mehr und mehr Kranke herbei und der Platz vor dem
Hause gestaltet sich zu einem großen Lazarethe, in welchem
die Schmerzenslaute der Leidenden und die halblauten,
theilweise rohen Reden ihrer Wärter sich zu einem dumpfen
Getöse verschmelzen. Peninna mußte alle Flammen ihres
Auges aufbieten, um sich mit ihrem Vater auf ihrem Platze
zu behaupten; Alles suchte sich, nicht ohne Drohworte und
Stöße, möglichst nahe der Thür aufzupflanzen. So oft
aber innerhalb des Hauses irgend eine Regung vernehm=
bar ward, gerieth Alles in Zuckung und der Lärm ver=
wandelte sich in starre Stille.

Der Schatten am Fenster, den Peninna gesehen, war
nicht der seinige. Als das Morgengrauen des Ost=
himmels sich bunt zu färben begann, schritt ein Mann
von der Bergseite der Stadt her durch deren enge Gassen.
Sein Antlitz war so bleich, wie das Sudar[1], welches Kinn
und Stirn verhüllte. Der Stadtwächter, als er ihn sah,
trat ehrerbietig auf die Seite und erzitterte durch und
durch, als ihn unter sanftem Gruße der liebreiche aber tief=
ernste Strahl seiner wundersamen Augen traf. Nachdem
er eine Zeit lang wie festgebannt stehen geblieben, folgte er
ihm von ferne so leise als möglich. Er selber, dem er

folgte, eilte oder schwebte vielmehr dahin mit unhörbaren
Tritten. Er war schlicht und eher ärmlich als vornehm
gekleidet, aber die Art und Weise seines Gangs, seiner
Haltung und der Zusammenfassung seines Tallith[2] bekun=
deten Anstand und Würde eines Königs. Als er um die
Ecke bog und der Anblick der vielen Leidenden ihm ent=
gegentrat, prallte er zwar einen Augenblick zurück, aber einen
Blick nach oben richtend, welcher himmlisches Licht aus=
strahlte und einsog, war er sofort auch wieder gesammelt
und schritt vorwärts. Die Menge, seiner ansichtig ge=
worden, war in einem Nu von dem Hause hinweg auf
Ihn gerichtet, und Aller Arme streckten sich bittend und
fürbittend ihm entgegen. „Gebenedeit sei der da kommt
im Namen des HErrn!" rief ein vornan stehender Greis,
welcher selbst die Macht des Wunderarztes an sich erfahren
hatte und nun unermüdlich im Krankenschleppen war.
Aus nahe an fünfzig Kehlen schollen dem Ersehnten die
manigfachsten Begrüßungen, begleitet von flehentlicher Ge=
berde, entgegen. Hier rief eine Stimme: rabbenu (o du
unser Rabbi), dort eine andere marāna (unser Herr), oder
schelicha dischmaja (Gesandter des Himmels), oder
mikwe Jisrael (Hoffnung Israels), und das leidende Weib
auf dem Kameele, welche Vater und Bruder aus Bethsaida
Julias hergebracht hatten, streckte aus ihrer weißen Ver=
mummung ihre Arme nach ihm aus, und ihr heiserer

gellender Ruf malca mechicha (o König Messias) klang
wie eine Geisterstimme in dieses Gewirr hinein. Der Eindruck
auf Ihn war sichtlich ein störender — eine Handbewegung
und die sein bleiches Antlitz überfliegende Flammenröthe
bedrohten diese Wogen und wirkten feierliche Stille. Die
verhältnißmäßig noch beweglicheren Kranken hatten sich von
der Hausthür ab reihenweise in knieender Stellung aufge-
pflanzt, aber der Durchgang, der für den Kommenden ver-
blieb, war, weil Jeder ihm möglichst nahe sein wollte, nur
ein sehr beengter. Er schritt langsam und nur ruckweise
hindurch, und seine ganze Erscheinung zeugte von tiefinner-
licher Ergriffenheit und Arbeit. Rechts und links erfaßte
man mit gieriger Hast die Enden seines Tallith, man
küßte sie, man benetzte sie mit Thränen und zog sie möglichst nahe nach dem leidenden Theile; aber trotz dieses
Andrängens und Ziehens von beiden Seiten wurde seine
Person durch keine allzudreiste Zudringlichkeit belästigt, in
ehrfurchtgebietender Majestät stand sie, anziehend und zugleich abwehrend, inmitten dieses Menschengewoges. Wo
seine nach beiden Seiten hin ausgestreckten Hände von
einem entfernteren schweren Kranken nicht erreicht werden
konnten, bog er zu ihm ab, legte ihm die Hand auf und
sprach zu ihm einige halblaute Worte. Je weiter er in
die Nähe des Hauses kam, desto größer wurde, besonders
hinter ihm, die nun nicht mehr zu beschwichtigende Auf-

regung. Die Wonne derer, welche ein neues Leben ihre Glieder durchströmen und mit ihrem Leibe zugleich ihren Geist genesen fühlten, brach in Worte des Dankesjubels aus. Und als eine Stimme in Psalmenton ausrief: Gelobt sei der HErr, der GOtt Israels, welcher Wunder thut alleine, da antwortete die ganze Menge wie eine im Gotteshaus versammelte Gemeinde: Gebenedeiet sei der herrliche Name seines Königreichs immer und ewiglich!

Je näher er kam, desto fiebernder wurde Peninna's Spannung; ihre Gestalt hob sich höher und höher, und sie verfolgte jede seiner Bewegungen mit verschlingenden Blicken. Und als auf das Kind, welches wie eine regungslose, schöne Statue den Eingang des Hauses schmückte, ein Blick des Herrn fiel, da war es, als ob über ihr fahles Antlitz das Morgenroth aufginge, und sie intonirte mit silberreiner Stimme: „Der HErr tödtet und machet lebendig; führet in die Hölle und wieder heraus; der HErr machet arm und machet reich, er erniedriget und er erhöhet." Sie sang erst zitternd, aber als sie keine Mißbilligung in seinen Zügen bemerkte, immer fester und kühner. Kommt er bald? fragte der Alte, dessen linke Hand erwartungsvoll in der rechten seiner Tochter zitterte. Wir müssen noch warten, antwortete sie, aber ein Blick, den er auf mich gerichtet, verheißt uns Gutes. Gesegnet seist du, meine Tochter, rief er, du hast den Namen Peninna's und das

Herz Hanna's; dein Gesang war mir wie die Stimme der
Turtel, die den Frühling verkündigt! Die Heilung des
Blinden schien wirklich die letzte sein zu sollen. An das
Mädchen herantretend fragte er: Was ist dein Begehren,
Peninna? Sie antwortete: Herr, daß mein Vater dich
sehe und deine Werke. Da erfaßte er den Alten beim
Hinterhaupt, neigte ihn sich näher und sprach auf seine
Augen zu: Der HErr machet todt und wieder lebendig;
es geschehe dir nach deines Kindes Bekenntniß. Alles das
war das Geschehniß einiger Augenblicke und die dankbar
ausgestreckten Hände des Vaters und der Tochter erreichten
den hinter der bereits geöffneten und nur angelehnten
Hausthür Verschwindenden nicht mehr. Petrus war
hinter der Thür, so weit möglich, Zeuge dieser frühen Be=
rufsthätigkeit seines Herrn gewesen. Aber auch das Wort:
O himmlischer Gast sündiger Menschen, womit er ihn be=
grüßte, erreichte kaum noch den in sein Zimmer Hinauf=
eilenden. Dort angekommen wankte er nach dem an der
Wand angebrachten Sitzpolster, und brach wie unter der
Bürde der den vielen Leidenden abgenommenen Krank=
heiten und Schmerzen und wie nach erschöpfter Kraft zu=
sammen.

Die Sonne war schon in vollem Aufgange begriffen;
die Vögel zwitscherten in den Apfel= und Wallnußbäumen,
welche das Haus umgaben, eine Drossel sang von den

3*

Thürmen des Castells herab ihr Morgenlied, und an
dem Brunnen unten, wo die Straßen zusammenliefen,
schwatzten die Dirnen von den Heilungswundern, deren
Schauplatz in verflossener Nacht der Platz vor dem Hause
gewesen sei. Der ganze Ort war heute schon früher als
sonst lebendig. Der Jubel der Geheilten und ihrer Ge=
fährten hatte Manchen in seinen Morgenträumen gestört
und seine Neugierde erregt. Manche der Fremdlinge hatten
bei Verwandten und Bekannten Einlaß begehrt und ge=
funden, und auch die Inhaber der Punbiken (Wirthshäuser)[3]
erfreuten sich diesmal sehr früher, aber doch nicht unwill=
kommener Gäste. In dem Hause auf der Anhöhe aber
war noch regungslose Stille. Die Insassen, obgleich schon
wach seit lange, bewegten sich unhörbar leise, denn sie
wußten, daß der Meister die ganze Nacht draußen in der
Einsamkeit durchwacht und zurückgekehrt viele und schwere
Berufsarbeit vorgefunden hatte. Droben aber auf der
Plattform des Hauses befand sich Petrus, in einiger Ent=
fernung von der Brüstung, um von Niemandem in dem
schon so frühe belebten Orte gesehen zu werden. Es war
ein schöner windstiller Morgen. Ruhig, wie ein schlafen=
des Kind, lag der See im Schooße der ihn umfangenden
Berge[4], deren Höhenzug drüben der aufsteigende rothe
Sonnenball goldig umsäumte. Das Gewässer hob und
senkte sich wie die Brust eines sanft Athmenden, und nur

zuweilen gerieth es in Zucken von der springenden Be=
wegung eines Fisches, während oben der Fischaar schwebte,
um sich seine Beute zu ersehen und herabstürzend zu er=
haschen. Fernab vom Ufer zog eine Schaar wilder Enten
durch das glitzernde Wasser geräuschlos ihre Furchen, und
die schon jetzt in der Frühe hie und da sichtbaren Schiffe
und Fischerbarken erschienen wie weiße Punkte, welche den
großartigen Eindruck der weithin sich dehnenden Wasser=
fläche verstärkten. Petrus hatte ein offenes Auge für dieses
Leben und Weben inmitten der herrschenden Stille. Er,
der rührige und geübte Fischer, kannte diesen See von
außen und innen. Jetzt aber sah er in ihm ein Bild des
großen Menschenmeers, in das er fortan, nachdem die
Sonne des Heils darüber aufgegangen, sein Netz aus=
werfen sollte. Dann richtete sich sein Blick unter seufzen=
dem Aufblick zu Gott südwärts nach der Gegend des
todten Meeres hinab, wo innerhalb moabitischen und später
gabitischen Gebiets die furchtbare steile Felsenveste Machä=
rus⁵ lag, in welcher der große und vielgeliebte Gefangene
festgehalten ward, dem er die ersten Anfänge besserer Er=
kenntniß verdankte, und von da zurücklenkend verweilte sein
Blick lange auf Bethsaida, seinem Geburtsort, von wo er
mit seinem Bruder hieher in das Haus seiner Schwieger
nach Capernaum gezogen war, und grüßte dort im Geiste
seine Eltern und Gefreundte, indem er ihnen Glauben an

den Heiland Israels anwünschte, welchen zu beherbergen
er unverdient gewürdigt war. Als er, um dann hinabzu=
steigen, flüchtig über die Brüstung hinabblickte, bemerkte er,
daß schon eine Anzahl von Leuten sich in der Nähe des
Hauses gesammelt hatte und die erste Gelegenheit, den
großen Lehrer zu hören, abwartete, zugleich aber, daß ein
Schriftgelehrter in heftigen Wortwechsel mit ihnen ver=
wickelt war. „Was sucht ihr — sagte er oder schrie er viel=
mehr — Belehrung und Heilung bei diesem Idioten und
nicht bei denen, an die ihr gewiesen seid, unsren Rabbinen
und Priestern; laßt euch doch warnen, er macht die Leiber
gesund um die Seelen zu vergiften — er ist ein Schêd
(Dämon) in Menschengestalt und zieht euch mit sich in
den Abgrund, aus dem er emporgestiegen." Schaudernd
und ergrimmend hörte dies Petrus, er that sich Gewalt
an, kein scheltendes Wort hinab zu rufen, und stieg schwei=
gend hinab in das Zimmer, wo die Seinigen bereits zum
Morgeninbiß versammelt waren und seiner warteten.

Als er in das Familienzimmer getreten war, fragte er
alsbald: Ist Er noch nicht sichtbar geworden? und als man
es verneinte, wendete er sich an die Schwieger, indem er
sagte: O so gehe hinauf, meine Liebe, klopfe leise an und
suche ihn herab zu nöthigen, denn er bedarf nach solchen
Anstrengungen zur Fortsetzung seines Tagewerkes einer leib=
lichen Erfrischung. Als sie hinauf kam und Einlaß fand,

sagte sie ihm: Herr, wir möchten nicht das Brod brechen, ohne daß du den Segen sprichst! Da stand er auf und sie ließ ihn voran gehen und folgte ihm. Die Tischgenossen=schaft bestand aus Petrus, seiner Frau, seiner Schwieger=mutter, seinem Bruder Andreas und Ihm, dem hehren Gaste. Nun erzählt Etwas, ihr Brüder, sagte er, indem sie aßen; die Aufgeforderten zögerten unschlüssig. Habt ihr nichts von Machärus gehört, fragte er weiter. O mein Herr, antworteten sie, die dicken Mauern dieses Felsenneſts sind wie die Thore der Hölle undurchdringlich. Ich aber, fuhr Andreas fort, darf wohl erzählen, was gestern unten an der Zollstätte geschehen ist. Ein über die Jakobsbrücke herübergekommener syrischer Handelszug⁶ machte da Halt und einer der Männer, welcher in Edeſſa wohnhaft ist, erzählte dem Zöllner Mattaï, daß König Abgar ihn und Andere beauftragt habe, sich nach dem galiläischen Lehrer und Wunderthäter näher zu erkundigen. Ja, entgegnete Jesus, Jerusalem ist die Stätte, wo der Messias erhöht werden wird, ein Panier den Völkern, Syrien aber ist das Land, welches zuerst vor allen um dieses Panier sich schaaren wird. Aber sage, was war das für ein Gezänk schon in der Frühe unter meinem Fenster? Petrus erzählte was er davon gehört hatte. Da seht ihr, sagte er, was meiner wartet; wir sind auf allen Schritten beobachtet von Kundschaftern des Synedriums und der Pharisäerschaft

von Jerusalem. Unter solchen Gesprächen ging die Tisch=
zeit vorüber, Er stand auf, begab sich in die Hausflur,
öffnete die Thür und redete die dort schon ziemlich zahlreich
Versammelten an: Wollt ihr das Wort des Lebens hören,
so tretet ein, wie Jesaia gesagt hat: Wohlan alle, die ihr
durstig seid, kommt her zum Wasser; und die ihr nicht
Geld habt, kommt her, kaufet und esset; kommt her und
kaufet ohne Geld und umsonst, beides, Wein und Milch.

Das Haus bestand aus dem Erdgeschoß und einem
Stockwerk darüber. Wenn man durch den schmalen Thor=
gang hindurch ging, so kam man in einen gepflasterten
Saal. Eine Treppe rechts, wenn man den Thoreingang
durchschritten hatte, führte in das Zimmer des hehren
Gastes, und eine Treppe links führte in das Familien=
zimmer. Zwei Treppen oder vielmehr unansehnlichere
Stiegen im Hinterraum des Saales führten zu den andern
Zimmern, welche tabulatartig sich um den Saal herum=
zogen. Als Jesus die vor der Thür Versammelten auf=
gefordert hatte, näher zu treten, zog er sich vor der drängen=
den Menge in den Saal zurück, und nahm dort vor der
Cisterne in dessen Mitte seinen Standort, und verkündigte
den ihn bald in festgeschlossenem Ringe Umgebenden das
Wort GOttes von dem geweissagten und nun erschienenen
Heil. Der Volksandrang wurde nach und nach immer
größer, und auch der Platz draußen

gefüllt war. Da kamen ihrer Vier, welche einen gänzlich
Gelähmten an Seilen, die um ihre Schultern gewunden
waren, auf einem Tragbett daher trugen. Man sah es
ihnen an, daß sie weither kamen und bereits die ganze
Last der Morgenhitze getragen hatten. Sie kamen zu
spät, um Eingang zu Jesu zu finden; durch diesen Menschenknäuel hindurchzudringen war platterdings unmöglich.
Da umgiengen sie das Haus und fanden glücklicher Weise
hinten eine Leiter angelehnt, welche gerade hoch genug war,
um von ihr aus das Dachgeländer zu erfassen und so auf
das platte Dach hinauf zu gelangen. Nachdem der Kranke
darein gewilligt hatte, sich dahinauf transportiren zu lassen,
stieg erst Einer hinauf und gelangte glücklich nach oben.
Nun band man den Kranken mit Seilen an das Tragbett
fest. Ein Zweiter bestieg die Leiter, um dem oben Befind-
lichen die zwei Enden des Seils zuzulangen und schwang
sich dann selbst hinauf. Nun zogen die Zwei den einge-
bundenen Kranken in die Höhe, indem die zwei Andern
diese Last, so weit es gieng, stützten und ihr die Richtung
gaben. Als er hinauf gezogen war, stiegen sie auch selber
auf das Dach. Als sie Alle oben waren, stieg einer die
Dachtreppe hinunter, welche in die hintern Zimmer führte,
und von hier aus hörte er die Stimme Jesu. Lautlos
still umstand ihn die Menge, klangvoll erfüllten seine Worte
den ganzen Raum. Ihre Wirkung war hinreißend und

fesselnd, denn seine ganze Seele lag darin, und sein Antlitz und seine ganze Persönlichkeit redeten mit. Der Hinab= gestiegene horchte und schaute und vergaß darüber sich selber. Der Kranke oben fragte ungeduldig: Was soll aus mir werden? Als die Drei ihren Gefährten heraufgewinkt, waren sie alle Vier darüber einig, daß es unmöglich sei, den Kranken auf der engen Stiege hinabzuschaffen. Da ist kein anderer Rath, sagten sie, als das Dach aufzureißen und ihn hinab zu lassen; aber wir vergreifen uns da an fremdem Eigenthum, und übrigens ist es ein halsbrechen= des Wagstück. Laßt mich hinab, rief der Kranke, es ge= nügt mir, daß ich zu Seinen Füßen zu liegen komme, es sei todt oder lebendig, und allen Schaden, den wir anrich= ten, werden wir reichlich ersetzen. In der Mitte des Estrichs fand sich ein Viereck, von Ziegeln gebildet, welche mosaikartig zusammengelegt waren, um eine den Fußboden zierende Figur zu bilden. Das Viereck diente aber nicht bloß der Verschönerung des Daches, sondern auch dem Nutzen des Hauses. In der Regenwinterzeit blieb es zu= gemauert, und in diesem Zustande war es auch jetzt noch, obgleich der Regenwinter schon vorüber und mit der Oster= zeit, zumal in dieser Landschaft am See, der Frühling be= gonnen hatte. Es hatte bis jetzt an Zeit und Lust gefehlt, diese das Haus von oben her mit Licht und Luft ver= sorgende Luke zu öffnen. Als die vier Träger des Kran=

ken die Ziegel entfernten, fand es sich, daß sie auf einer
mit einem Ring versehenen Bohle auflagen, welche fall=
thürartig aufgezogen werden konnte. Das Dachgebält
darunter zeigte einen Zwischenraum, welcher gerade, aber
auch nur knapp so groß war, um den Kranken mit seinem
Tragbett dahindurch hinabzulassen. Die viereckige Luke
war absichtlich oberhalb der Cisterne des Hofraums ange=
bracht, und es war möglich, sofern es gelang, den Kran=
ken so hinabzulassen, daß er auf den Cisternendeckel und,
wenn der Redner unten sich umwendete, vor diesem zu
liegen kam.

Der arme Kranke ließ mit sich machen was man
wollte, und den Vieren war es wirklich ernstlich darum zu
thun, ihm Hilfe zu verschaffen, und sie wie er waren dessen
gewiß, daß unter allen Menschen nur einer helfen könne.
Dieser Eine war Jesus von Nazareth, in welchem, wie
damals Tausende erkannten, der Gott des Heils selber
sein Volk besucht hatte. Die Vier waren des Kranken
Nachbarn und Freunde, sie hatten Alles aufgeboten, ihm
sein Leiden durch ihren Zuspruch erträglicher zu machen.
Der Kranke gehörte zu den verhältnißmäßig wenigen
Menschen, denen es vor Allem um Gott zu thun ist. Er
hätte sein Leiden freudig getragen, wenn er (wir wissen
nicht mit welchem Rechte) darin nicht eine verdiente Strafe
Gottes gesehen hätte. Wie ihm der Gedanke, daß Gott

ihn von sich gestoßen, die wonnigste Fülle äußern Glückes
zur Hölle gemacht haben würde, so machte eben dieser
Gedanke sein entsetzliches Leiden, welches ihn wie einen
Lebendig Todten fast regungslos an das Schmerzenslager
fesselte, zu einer zwiefachen Hölle. Er war ganz unfähig
geworden, Etwas zu hoffen, und auch daß Jesus ihn
innerlich und äußerlich heilen werde, hoffte er nicht. Aber
er wußte, daß Er der Einzige sei, der ihm helfen könne,
und obgleich er sich der Hilfe für gänzlich unwerth hielt,
so wollte er doch; sei es zum Leben oder zum Tode, das
Wort Gottes aus dem Munde des Gottgesandten ver=
nehmen.

Das Wagstück, den Kranken hinunter zu lassen, wäre
unausführbar gewesen, wenn nicht da, wo sonst auf dem
Dache wohlhabenderer Familien ein laubenartiges Dach=
zimmer, die sogenannte Alija, angebracht zu sein pflegte,
ein abgebrochenes Zelt gelegen hätte. Die vier Männer
lösten die Zeltseile ab, und ihrer Berechnung nach reichten
sie hin, um mit den Tragbändern an den Handhaben des
Bettes verbunden die Hinablassung des Kranken möglich
zu machen. Aber sie reichten nur nothdürftig hin und die
Vier hatten sich nach und nach dermaßen niederzubücken,
daß sie zuletzt, fast auf dem Bauche liegend, mit ihren
Armen nachhelfen mußten. Schon das raschelnde Herum=
arbeiten an der Decke oben hatte die Aufmerksamkeit der

unten Versammelten erregt. Aber die überwältigende und
anziehende Macht des Redners hatte es zu keiner Störung
kommen lassen. Als aber die Tragbahre über den Häup=
tern der Versammelten erschien, ergriff sie zunächst ein
starres Staunen, welches dann in den Ausruf überging:
Rabbi, Rabbi, ein Kranker steigt hernieder. Sehet da,
rief Jesus, indem er nach oben blickte, ihren Glauben;
leistet ihnen Beistand mit eurer Liebe, stützet den Kranken,
daß er nicht falle! Hierauf streckten die Männer, welche in
der Nähe Jesu bei der Cisterne standen, ihre Arme aus,
fiengen das Tragbett auf, und da die Seile nicht lang ge=
nug waren, um es bis auf den Boden niederzulassen,
lösten sie dieselben ab und setzten nun mit eignen Händen
den Kranken mit dem Lager, auf dem er ausgestreckt war,
vor die Füße Jesu nieder. Die Spannung, welche dieser
Zwischenfall in der Versammlung erregte, war ungeheuer,
denn, wenn Jesus bisher Kranke geheilt hatte, so geschah
es in möglichster Stille und Zurückgezogenheit, und meistens
ohne daß außer den Kranken Andere als die Nächstbe=
theiligten zugegen waren. Denn er vermied es geflissent=
lich, das ungeistliche Feuer des Volksenthusiasmus anzu=
fachen und dadurch mittelbar die längst schon im Ver=
borgenen glimmende Feindseligkeit des Pharisäerthums zu
schüren: er wollte vorerst nicht als Wunderarzt gepriesen,
sondern als Erlöser geglaubt sein, und war bereit, alle Re

Leiden, die sein Vater über ihn verhängen würde, willig zu
dulden, aber ohne sie selbstwillig herbeizuziehen. Jetzt
aber war ihm mit Einem Male vor vielen Zeugen ein vor
Menschenaugen unheilbar Kranker vorgelegt und damit
zugleich eine Aufgabe gestellt, deren Lösung von denen, die
ihn in dichtgedrängter Menge umgaben, mit gespanntester
Aufmerksamkeit erwartet ward. Wird er sie lösen? und
wie wird er sie lösen? — das war die auf allen Ange=
sichtern zu lesende erwartungsvolle Frage.

Mensch, was ist dein Begehr? fragte er in gestrengem
Tone den Unbekannten, der so unvermittelt ihn in seiner
Predigt unterbrochen hatte und doch auch durch kein Wort
der Anrede und Bitte sich in Beziehung zu ihm setzte.
Der Kranke schwieg, aber seine Brust hob und senkte sich
krampfhaft, sein ganzer Leib erzitterte und seine Augen,
die er unverwandt zu Jesu emporrichtete, entluden sich
unter heftigem Schluchzen in einem Strome von Thränen.
Er, dem die, welche ihm näher standen, das Zeugniß gaben,
daß er das Innerste der Menschen durchschaute, erkannte,
daß er hier einen solchen vor sich habe, welchem leibliche
Gesundheit nicht der Güter höchstes sei: sein Stöhnen war
Selbstverurtheilung, sein Zittern Furcht vor dem Heiligen,
sein Weinen Flehen um Gnade. Darum freute sich der
Herr, diesmal das Uebel bei der Wurzel erfassen und die
Zurechtbringung von innen beginnen zu können; sein Herz

erschloß sich, sein Antlitz erheiterte sich, seine Stimme er=
weichte sich, und mit einem Ausdruck, in welchem hohes
Selbstbewußtsein, mitgefühlvolle Herablassung und unbe=
dingte Gewißheit harmonisch zusammenklangen, sprach er:
Sei getrost mein Sohn, deine Sünden sind dir
vergeben. Diese Worte wirkten auf den Kranken, wie
wenn der Wind die Wolken zertheilt, so daß die Himmels=
bläue sichtbar wird, oder wie wenn ein von himmlischen
Kräften erfüllter Gewitterregen die fast hingewelkte Pflanze
in dürrem Erdreich erfrischt. Das Gefühl der Gnade
überkam ihn, der Friede Gottes durchdrang ihn, seine
Züge glätteten und verklärten sich, seine Augen schauten
dankbar zu dem Tröster auf und in ihren Thränen spiegelte
sich nun die Freude, wie in den Thauperlen die Sonne.
Aber während jene Trostesworte den Kranken belebten,
bargen sie für den, der sie sprach, den Keim des Todes.

Die Liturgie des Gesetzes kannte eine priesterlich ver=
mittelte Reinsprechung, z. B. des Aussätzigen, aber keine
priesterlich vermittelte Lossprechung von Sünden; über=
haupt kannte das Judenthum keinen menschlich vermittel=
ten Absolutionsakt. Jesaia wird in Cap. 6 durch einen
Seraph und Josua, der Hohepriester, in Sach. Cap. 3
durch den Engel Gottes absolvirt, aber in beiden prophe=
tischen Gesichten ist es ein göttlicher Auftrag, welchen die
himmlischen Geister vollziehen. Denn Sündenvergeben ist

ein ausschließliches Vorrecht Gottes, und, wenn irgend eine Creatur die andere ihrer Sünden quitt und ledig spricht, kann sie es nicht in selbsteigner Machtvollkommenheit, sondern nur vermöge göttlicher Bevollmächtigung. Es begreift sich also, daß die Worte Jesu an den Gichtbrüchigen Befrem= den und Staunen erregten. Ihre Wirkung auf Einige der Anwesenden war aber noch eine andere. Hinter den äußersten Reihen des Volkes saßen auf einer der in der untern Mauerwand angebrachten Bänke einige Tannaïm (Gesetzgelehrte), welche, durch jene Worte in die größte Aufregung versetzt, auf ihren Plätzen hin und herrückten, die Köpfe schüttelten und mit den Händen gestikulirten. Jesus verstand ihre zornigen Mienen und Geberden. Der Vorwurf, den sie damit gegen ihn erhoben, war kein ge= ringerer, als der der Gotteslästerung.

Es war ein verhängnißvoller Wendepunkt im Leben Jesu, denn die Verurtheilung Jesu als Gotteslästerers, welche jene Gesetzgelehrten in ihren Herzen aussprachen, war der Anfang des Processes, welcher einige Jahre später seine schmachvolle Hinrichtung in Jerusalem zum Aus= gange haben sollte. Die Herren dort im Hintergrunde des Saales meinten insgeheim beobachten zu können, aber wie unangenehm wurden sie enttäuscht, als sie erfah= ren mußten, daß sie die Beobachteten seien und daß seine allesdurchdringenden Augen sogar die Gedanken ihres

Herzens durchschauten. Sie waren unwillig über die An=
maßung jenes Mannes, der ohne ein Beth ha-Mid-
rasch (Lehrhaus) besucht zu haben und ohne eine Horaah
(Lehrbevollmächtigung) aufweisen zu können, sich zum Leh=
rer aufwarf, und nun mußten sie sich von ihm vor allem
Volk beschämen lassen, indem er seine Augen, deren stechen=
der Blick ihnen in tiefster Seele zuwider war, auf sie
richtete und sie fragte: Warum denket ihr so Arges in
euren Herzen?

Er hatte längst erkannt, daß er nicht hoffen dürfe,
einen heilsamen Eindruck auf diejenigen zu machen, die ihn
als einen in Größenwahn befangenen Laien ansahen, der
sich widerrechtlich zum Lehrer aufwerfe und das Volk gegen
seine berufenen Lehrer aufwiegele. Er wußte wohl, daß
sie nur Gift aus seinen Worten sogen, daß sie Stoff
sammelten, um ihn für immer unschädlich zu machen, und
daß sie über die Aergernißnahme an seiner Person nicht
hinweggehoben werden konnten, weil sie sich geflissentlich
gegen sein inneres Wesen verschlossen. Aber er fürchtete
sie nicht, sondern nahm den Kampf an, den sie ihm boten,
indem er sie plötzlich auf den Kampfplatz zog und die,
welche insgeheim Waffen gegen ihn schmiedeten, zu Ange=
griffenen machte. Was ist leichter — fragte er — zu
sagen zu dem Gichtbrüchigen: Dir sind deine
Sünden vergeben, oder zu sagen: Stehe auf und

4

der Worte vernommen, aber noch
zu bringen. Der
Wortes ber=
ist Jesu, setzt

auf den Kranken geheftet, verfolgte die Wirkung des Wortes von Stufe zu Stufe. Die Starrheit begann sich zu lösen, die Muskeln zuckten wieder, Gefühl und Beweglichkeit kehrten zurück, und als er inne ward, daß die bisher fühl= losen und regungslosen Glieder sich wieder seiner Willkür fügten, richtete er sich, über sich selbst erstaunt, immer weiter und weiter und immer selbstgewisser empor, bis er schließlich aufrecht vor ihm stand und die Hände nach ihm ausstreckend und in die Kniee sinkend sich ihm zuneigte. Aber Jesus trat zurück und deutete auf das Bett. Da nahm er sein Bett, hielt es vor sich hin, so daß ihm der Blick auf Jesum frei blieb und schritt rückwärts, ohne seinen Retter aus den Augen zu verlieren, durch das Volk, wel= ches eine nach dem Ausgang führende Gasse für ihn bildete.

Gelähmt von Schrecken und Staunen schwieg Alles, während dies geschah. Als aber der Geheilte hinaus war, brachen Rufe der Bewunderung und Begeisterung hervor, erst halblaut, dann immer lauter. „Wir haben solches noch nie gesehen!" „Wir haben Unglaubliches heute gesehen!" so rief der Eine und antwortete, es bestätigend, der Andere. Ein ehrwürdiger Greis aber, der zu den Standespersonen Capernaums gehören mochte, suchte diese durcheinander= tosenden Stimmen des Enthusiasmus in den rechten Aus= ꞏ ꞏ ꞏ ck zusammenzufassen, indem er, nach der Bank hinge= ꞏꞏdet, welche die Schriftgelehrten eingenommen, ꞏꞏꞏ ꞏꞏꞏ

Alltagsgewohnheiten so festgebannt und von den Aeußer-
lichkeiten des Lebens so hingenommen, daß ihnen das
Wort Jesu keine Wißbegier und nicht einmal die Thaten
Jesu Neugier abgewinnen konnten; denn es war ihnen in
freier Zeit — und gar Manche feierten über die Maßen
gerne — weit wichtiger, auf der Landstraße herumzuschlen-
dern, mit den Reisenden anzuknüpfen und sie über die
mitgebrachten Neuigkeiten auszuhorchen, oder Stunden
lang in den See hinauszustarren und die kommenden und
gehenden Boote mit ihrer Bemannung und Ladung zu
beobachten, oder im Wirthshaus bei einem Viertel Wein
italiischen Gemäßes⁸ sitzend die letztjährigen Libanon- und
Moab-Weine und zugleich die Regierungsmaßregeln des
Herodes Antipas oder auch Herodes Philippus durchzu-
kritisiren. Sie ließen Jesum als Wunderarzt für die
Kranken gelten, schätzten sich aber glücklich, seiner nicht zu
bedürfen. Der Eine und der Andere schüttelte sogar
den Kopf und meinte, es gehe nicht mit rechten Dingen
zu. Um diejenigen aber, die sich an diesem Morgen zu
Jesu hingedrängt hatten, stand es besser. Man darf annehmen, daß sie, wenn sie auch nicht alle von Heilsbegierde getrieben wurden, doch durch ein über das Irdische
hinausliegendes Interesse sich zu Jesu hingezogen fühlten.
Als sie mit staunenden Blicken den Geheilten bis zum
Ausgang begleitet hatten und nach ausgebrochenem Be-

geisterungssturme zurückgewandt Jesum suchten, war er
von seinem Standort am Bassin verschwunden, denn er
hatte den Zustand der Bestürzung durch das Wunder be=
nutzt, um sich durch diesen Menschenknäuel hindurchzu=
winden und eine der hinteren Treppen hinaufzueilen.
Dort oben sank er auf die Kniee. Der Beifall, in wel=
chem er neben manchen reinen Tönen weit mehr unreine
heraushörte, hatte ihn verletzt, und der Vorgang mit den
Schriftgelehrten vergegenwärtigte ihm sein blutiges Ende.
Er sammelte sich betend, bis die Volksmenge sich verlaufen
hatte. Erst als es unten ganz still geworden war, ward
es auch stiller in seiner Seele. Dann stand er auf, durch=
schritt den oberen Gang und trat in das Familienzimmer
ein, wo die Angesichter der zwei Frauen, der Mutter und
Tochter, als sie ihn sahen, freudig erglänzten. Sie lasen die
Psalmen des Tages. „Leset weiter — sagte er — und leset
laut, daß ichs höre!" Etwas später kamen die vier Männer,
welche den Gichtbrüchigen getragen hatten, und brachten als
Zeichen seiner Dankbarkeit eine große prachtvolle Guirlande.
Nimm sie, sagten sie dem Weibe des Petrus, und schmücke
damit das Zimmer unsers Meisters und Helfers! Aber sie
versicherte, daß er alle Geschenke zurückweise und daß es
ihr streng verboten sei, ein solches anzunehmen. Da zer=
pflückten sie die Guirlande und streuten die Blumen auf
den Platz vor dem Hause. Die Kinder der Stadt kamen

und umstanden diesen künstlichen Garten. Und als eine Stimme aus dem Hause ihnen zurief: „Nehmt euch!" da banden sie sich Sträußer von diesen Anemonen und Mandragoren, Lilien und Rosen, liefen zu den Ihrigen und jubelten: „Sehet da, Blumen vom Jesus-Hause!"

III.

Der Mittag.

Gegen Mittag kehrten Simon und Andreas nach be=
endigtem halben Tagewerk vom See zurück. Was bedeutet
das? fragte Andreas, als er die Blumenstreu vor ihrem
Hause sah. Hast du nicht gelesen, antwortete Simon, was
Sacharja sagt: Siehe, es ist ein Mann, der heißt Zemach,
denn unter ihm wirds sprossen, und er wird bauen des
HErrn Tempel? Das sind ja Blumen in solcher Menge,
fuhr Andreas fort, als ob hier die Chuppa (der Trau=
baldachin) eines Königssohnes aufgeschlagen werden sollte.
Nun, sagte Simon, ist es denn nicht ein König, den wir
beherbergen? Wenn unsere Weisen sagen: Diese Rabbinen
sind Könige, sollte er nicht um so viel mehr ein König sein,
dessen Worte und Thaten über die ihrigen so erhaben sind
wie der Himmel über die Erde?! Ja, antwortete Andreas,
seine Seele kann nirgends anders her sein als vom
Throne der Herrlichkeit. Geht dir's nicht ebenso wie mir?
Wenn ich ihn nur im Geist vor mir habe, dann kann ich
mich vor Liebe nicht halten und falle ihm um den Hals

und küsse ihn, aber habe ich ihn leibhaftig vor mir, so
bebe ich vor ihm zurück wie vor Berührung der heiligen
Lade im Allerheiligsten, und wenn er meine Hand in die
seinige nimmt, da zittert mein ganzer Leib, der Boden
schwindet unter meinen Füßen und ich schwebe zwischen
Himmel und Erde.

Die Zwei waren seit frühem Morgen auf dem See
beschäftigt gewesen. Sie fanden das Mittagsmahl bereit.
Jesus wurde gerufen und sprach die Beracha: er schien
nicht Gast in diesem Hause zu sein, sondern der Hausherr.
Die Gesellschaft schwieg und wartete, daß er die Unter=
haltung eröffne. Nun denn, ihr Brüder, hob er an, würzt
uns das Mahl und erzählt wie es euch heute ergangen.
Herr, sagte Petrus lächelnd, die Fische waren williger, in
unser Netz zu gehen, als die Käufer, sie uns abzunehmen.
Unsere Waare war die schönste und doch nicht die theuerste:
wir boten Karpfen und Schollen¹ in großer Auswahl zu
billigen Preisen aus; aber wir lasen den Leuten, die sich
herzudrängten, das Sprichwort von den Lippen: Ein fetter
Bissen, aber darin ein Stachel²; es schien ihnen vor diesen
unschuldigen Fischen als vor ketzerischen und verzauberten
zu grausen. Habt ihr nicht gelesen — sprach Jesus —
was in den Psalmen gesagt wird: Alle Wesen sind deine
Diener³? Die Fische sind bessere Diener Gottes als die
Menschen. Ja, fiel Andreas ein, wir hätten eher ver=

lauft, wenn nicht der Marktmeister und einige Schriftge=
lehrte dagestanden wären, welche alle Kauflustigen mit lauern=
den Blicken beobachteten. Ihr habt aber doch verkauft! ent=
gegnete Jesus. Ja, Herr, antworteten die Brüder zugleich.
Doch schwieg Andreas alsbald und ließ Petrus allein
erzählen, daß jener Königische, welcher Jesu die Rettung
seines Sohnes verdankte, ihnen wie schon manchmal aus der
Verlegenheit geholfen und allzulanges Warten erspart habe.

So seid ihr doch, fuhr Jesus fort, nicht allzuspät mit
dem Markte fertig geworden: was habt ihr alsdann euch
zu thun gemacht? Wir giengen, erzählte Petrus weiter,
nach unserm Boote hinab, um einen Chomer choraziner
Weizen⁴, der nach Bethsaida verkauft ist, überzufahren.
Da liefen fünf Männer auf uns zu, welche lange am
Strande hin und her nach uns gefragt hatten. Der Eine
rief: Das ist gut, daß wir dich gefunden, ich bin dein
Schuldner; ich verdanke deinem großen Gaste meine Ge=
sundheit, aber auf Kosten des Daches deines Hauses. Als
er mir das Räthsel gelöst, drückte er mir einen Golddenar
in die Hand, ich aber weigerte mich etwas zu nehmen, bis
ich wisse, was die Ausbesserung des Hauses koste. Da
entfärbte sich sein Gesicht und er fragte kleinlaut: Wollt
ihr uns auch nicht überfahren, daß wir auf kürzestem Wege
nach Bethsaida=Julias gelangen können? Ja wohl, rief
ich, wenn ihr euch beeilet, und wir werden sogar dafür

das übliche Fahrgeld annehmen. Da liefen sie eine Strecke
zurück und stiegen dann mit ihren Sachen ein. Darunter
war ein Tragbett und ein mit der Wurzel ausgehobener knos=
pender Rosenstrauch, von welchem der Geheilte sagte: Den
pflanze ich in ein wohlumhegtes Beet vor meinem Hause
und die Rosen, die er trägt, sollen nicht anders als die
Wunderrosen von Capernaum heißen. Der Wind kam von
Westen und unser Boot segelte, fast keines Ruders bedürf=
tig, schnell dahin. Es war eine liebliche Fahrt. Denn
die Fünfe wurden nicht müde, sich von dir, o Herr, erzäh=
len zu lassen; es war gut, daß wir ihrer zwei waren, um
ihnen abwechselnd Rede zu stehen.

Dieses Tischgespräch wurde durch eine seltene Ueber=
raschung unterbrochen. Mirjam, die Mutter Jesu, war
zwar schon einmal in Capernaum gewesen[6], aber seitdem
war mit jedem Monat der Trennung von ihm ihre Sehn=
sucht gewachsen. Sie war im Geiste immerfort bei ihm,
ohne daß seit seinem öffentlichen Auftreten die Sympathie
ihres Herzens den gewünschten Widerhall fand; selbst die
Empfindungen ihrer nächsten Umgebung deckten sich mit
der ihrigen nicht völlig. Um so emsiger verwendete sie
jede freie Stunde, die ihr großer Hausstand ihr übrig ließ,
darauf, für ihn zu arbeiten: sie fertigte leinene Leibwäsche
für ihn und freute sich im voraus der ihr vielleicht sich
darbietenden Gelegenheit, die Arbeit ihrer Hände ihm selber

überbringen zu können. Eine solche Gelegenheit fand sich
auch wirklich zur rechten Zeit. Ein wohlhabender Haus=
freund, zu den Wenigen gehörig, welche in Jesu den Ge=
sandten Gottes erkannten, hatte Einkäufe in Tiberias
zu machen, welches damals schon als Stapel= und Handels=
platz in schwunghaftem Aufstreben begriffen war[6], und be=
absichtigte von da aus auch Capernaum zu besuchen, um
wieder einmal das Wort des Lebens aus dem Munde des
großen Nazareners zu hören. Er theilte dies Joseph mit,
indem er hinzufügte, daß es ihm nicht allein Freude
machen, sondern daß er sichs auch zur Ehre schätzen würde,
wenn er Mirjam mitnehmen dürfe: er selbst lege die sechs
Wegstunden in dieser schönen Jahreszeit gern zu Fuße zu=
rück, ihr aber stehe sein Saumthier zur Verfügung, und
für ihre Zurückbeförderung werde er gleichfalls Sorge
tragen. Mirjam hörte das mit wonnigem Beben, und
ein bittender Blick auf ihren Gatten genügte, diesen zur
Einwilligung zu bestimmen. Da sie um die Mittagszeit
in Capernaum einzutreffen wünschte, so machte sich ihr
Geleitsmann schon zwischen der neunten und zehnten
Stunde, d. h. nach unsrer Rechnung etwa 3 ½ Uhr vor
Sonnenaufgang reisefertig. Der Mann schritt rüstig zu
und das Thier schien von der leichten Last, die es trug,
eher gehoben als beschwert. Als sie zwischen den Saat=
feldern und Blumenmatten von Kefar Kenna dahin=

zogen[7], lag das Dorf droben noch in festem Schlafe. Der
Weg wand sich nun einsam zwischen kahlen Felswänden
und schmalen Thälern hindurch. Mit Sonnenaufgang
aber hatten sie schon auf einer mit Feigen und Oelbäumen
bepflanzten Anhöhe den Geburtsort des Apostels Judas
Thabbäus vor sich, welcher jetzt Lubîje heißt. Und als
sie weiterhin nach kurzer Rast an zwei Brunnen oben
auf dem Kamme des bergan gehenden Weges angekommen
waren, bot sich ihnen der erste Blick auf den tief unten im
Morgensonnenscheine funkelnden dunklen See dar, und in=
dem sie den steilen Abhang des südlichen Bergrands hinab=
stiegen, begegneten ihnen schon Leute aus Hattin, welche
ihnen sagen konnten, daß Jesus in Capernaum sei und
diesen Morgen viele Wunder gethan. In Tiberias traf
es sich so, daß Mirjam eben noch ein von Capernaum ge=
kommenes und dorthin zurückgehendes Boot besteigen
konnte. Die Schiffer waren erst barsch, aber als sie mit
der Frau einige Blicke gewechselt, wurden sie sanft und
andächtig stille.

Das Weib Simons war es, welche zuerst das leise
Klopfen an der Hausthür unten vernahm. Sie stand auf,
öffnete das Holzgitterfenster nur ein wenig, um nach unten
blicken zu können, und prallte zurück, indem sie freude=
strahlend ausrief: „Mirjam von Nazaret!“ Kaum hatte
sie das gesagt, so war Petrus auch schon die Treppe hinab=

geeilt; er öffnete die Hausthür und erfaßte die Draußen=
stehende bei der Hand, indem er ihr ein treuherziges: Ge=
segnet sei die da kommt! entgegenrief und ihr gleichzeitig
mit der Linken das Bündel im Busen ihres Gewandes
entriß. Den Gruß erwidernd fragte sie in einem Tone,
dem man das Bangen vor einer verneinenden Antwort
abfühlte: „Werde ich Jesus finden?" Ja freilich, Mutter
meines Herrn! rief Petrus, und in demselben Augenblicke
kam auch Jesus herab, gefolgt von den Andern, welche,
ihm den Vortritt lassend, oben an der Treppe stehen blie=
ben. Lange hielt ihn Mirjam, ohne daß er es wehrte,
mit beiden Armen umschlungen und netzte seine Brust mit
heißen Thränen, in denen sich Wonne und Schmerz zu=
gleich ergossen. Friede dir, Friede in Fülle, meine theure
Mutter! sprach Jesus, indem er dabei seine Lippen auf
den Scheitel ihres Hauptes drückte. Dann stützte er ihren
Arm und führte sie in das Zimmer hinauf, wo zuerst die
Frauen sie mit überglücklicher Zuvorkommenheit begrüßten
und dann auch Andreas, Mehr empfindend als zu sagen
vermögend, herzutrat, dem sie um so herzlicher die Hand
drückte. Als aber die Frauen sich erzählen lassen wollten,
wie Mirjam zu dieser Tageszeit nach Capernaum komme,
da fuhr Petrus dazwischen: Was laßt ihr unsre Freundin
so lange stehen, ist sie doch müde von der langen Reise.
Setze dich, Herrin, zu unserem Hausherrn und brich das

Brot mit uns, damit du dich erquickeſt und uns ehreſt;
wir möchten dir freilich Beſſeres als dieſe Salzfiſche⁸ bie=
ten, du aber, Hanna — ſo rief er ſeiner Gattin zu —
hole Weintrauben und Feigen, wie man ſie jetzt noch nicht
in Nazaret hat, damit unſer Gaſt den Segen des Gene=
ſaret=Landes ſchmecke⁹.

Als ſie dann bei Tiſche ſaßen, fragte Jeſus ſie ſelbſt,
unter weſſen Geleit und auf welchen Wegen ſie gekommen,
und als ſie über dem Genuſſe, den ihr die Befriedigung
ihres Sehnens gewährte, des Eſſens vergaß, nöthigte er ſie
zu eſſen. Als er aber hinzufügte, daß ſie dann mit ihm
auf ſein Zimmer kommen ſolle, ſah ſie ihn an voll innigen
Dankes, und die Andern, welche bis dahin wohlweislich
geſchwiegen, fühlten ſich nun ermuthigt zu reden. Wie
glücklich ſeid ihr doch, hob Mirjam an, die ihr dieſen
großen und ſchönen und belebten See immer vor Augen
habt, deſſen Wellen mich nach dem langen Maulthierritt ſo
ſanft und doch hurtig zu euch gebracht haben, und wie
lieblich liegt dieſes Städtchen, deſſen Häuſer, von weiten
geſehen, im Waſſer zu ſchwimmen ſchienen! Ja, Caper=
naum iſt ſchön, erwiderte Simon, und niemals war es
ſchöner als jetzt, wo es wirklich, wie ſein Name ſagt, eine
Stadt des Tröſters und des Troſtes geworden iſt¹⁰, aber
den meiſten Bewohnern geht nichts über ein gemäſtetes
Huhn und dazu alten Wein. Aber auch Nazaret, fiel

Andreas ein, ist nicht zu verachten; wir sehen den See und ihr habt, wenn ihr den Berg hinaufsteigt, die Aus= sicht auf das Meer; ich werde den Abend nicht vergessen, wo ich von dort den Sonnenball zwischen dem Carmel und der Bucht von Acco in das Meer hinabtauchen sah. Du hast Recht, Andreas, sagte Jesus, auch mir ist jene Höhe unvergeßlich, sie ist für mich geworden was der Sinai für Mose. Schon von der Knabenzeit her, fuhr Mirjam fort, war dort oben dein Lieblingsplatz, und wenn ich mein Kind vermißte und Joseph dir nachgieng, so suchte er dich dort selten vergeblich. Nachdem so das Gespräch angeknüpft war, kamen die Erkundigungen nach den einzelnen Familiengliedern Mirjams in Gang. Wie geht es Joseph, rief Simon, ihm der das zarte Reis[11] so treu gepflegt, welches jetzt zum Baume des Lebens erwachsen ist? Dann wurde nach den Brüdern und Schwestern Jesu gefragt, indem nun auch die Frauen sich in das Gespräch mischen zu dürfen glaubten. Man fragte nach ihrem äußern Ergehen, aber auch nach der innern Stellung, die sie jetzt zu Jesu einnähmen[12]. Mirjam, wohl wissend, daß sie sich im engsten Freundekreise befinde, sprach sich offen aus, indem ihr Antlitz wechselnd aufleuchtete und sich umflorte. So oft sie zu reden begann, schwiegen Alle und folgten mit Spannung ihren eher langsamen als schnellen wohler= wogenen und wohlbemessenen Worten. Es war ihr wohl=

5*

thuend wahrzunehmen, wie Licht und Schatten dessen was
sie zu erzählen hatte gleichartige Empfindungen im Inner=
sten der Fragenden hervorriefen.   Jesus aber verhielt sich
nur zuhörend.   Er überließ die Mutter den Freunden
und Freundinnen, welche sie bewirtheten, und freute sich,
sie von so ungefärbter Liebe umfangen zu sehen.

Als das Mahl zu Ende war, welches diesmal sich
weit über das gewohnte Zeitmaß ausgedehnt hatte, stand
Jesus auf und sprach bedeckten Hauptes das Dankgebet.
Nachdem Gotte gedankt war, dankte Mirjam auch noch diesen
lieben Menschen allen.   Dann folgte sie dem Winke Jesu
und gieng mit ihm nach seinem Zimmer, wo hinauf Petrus,
wie sie hörte, bereits das von ihr Mitgebrachte getragen
hatte.   Als sie ihn nun allein vor sich hatte und am
Ziele ihres langen Sehnens angelangt war, da umfieng sie
ihn, aber statt ihn zu küssen, wie sie es tausendmal daheim
im Geiste gethan, barg sie ihr Antlitz auf der Schulter des
Herniedergeneigten und unter heftigem Zittern ihres Leibes
entstürzte ihren Augen ein Strom von Thränen.   Sie
weinte nur ohne zu reden und hielt ihn fest, ohne ihn zu
lassen.   Da sagte Jesus nach einer Weile: Mutter, werde
ruhig und setze dich zu mir und sage mir, warum du so
weinest! Und während sie nun saßen, begann sie, indem
er ihre Hand in der seinigen hielt, sich zu fassen und be=
gann, indem er seine Augen in die ihrigen senkte, zu reden

und sprach: Ich freue mich, daß ich dich endlich einmal
wieder habe, und traure, daß ich dich bald nicht mehr
haben werde. Weißt du denn, fragte Jesus, wie frühe
oder spät ich diese Welt verlassen werde? O mein Kind,
erwiderte Mirjam, sagt mir denn nicht die Todtenblässe
deines Angesichts und die Magerkeit deiner Hände, daß
du dich aufreibest, und wenn du dich nicht aufriebest —
ich bin zwar ein Weib und beschränkt auf die vier Ellen
des Hauses, aber wie sollte ich nicht durchschauen, daß der
Haß deiner Feinde sich von Tag zu Tage steigert und daß
sie dir längst den Tod geschworen! Immerhin, warf Jesus
ein, aber hat sich denn nicht ein großer Theil des Volkes
um mich geschaart, welcher dem Plane meiner Feinde im
Wege steht? Ja, sagte Mirjam, die Gewalt deiner Predigt,
dein Freimuth gegen die Obern, die Neuheit deiner ganzen
Erscheinung und besonders deine Wunderheilungen haben
Viele für dich begeistert, aber diese Volksgunst ist wie ein
Regenbach, welcher schnell anschwillt, um schnell wieder zu
versiegen. Du hast Recht, o Gebenedeite unter den Frauen
— antwortete Jesus — die Meisten dieses Volkes suchen
nicht Erlösung von der Sünde, sondern von ganz anderen
Bürden, und wenn die Zeit der Entscheidung kommt,
werden sie mich feig und treulos und undankbar verlassen.
Dein Blick in die Zukunft täuscht dich nicht, aber auch
Feindseligkeit und Charakterlosigkeit der Menschen müssen

Gottes Rathschluſſe dienen, den zu vollführen ich in der
Welt bin. Mein Weg geht in eine Tiefe hinab, vor der
mir ſchauert, aber ich folge ohne eignen Willen dem Gotte
in mir, es ſei abwärts oder aufwärts. Bei dieſen Wor=
ten war ſein auf einige Augenblicke verdüſtertes Angeſicht
wie verklärt, indem der göttliche Grund ſeines menſchlichen
Weſens hindurchbrach, und Mirjam, alle Strahlen dieſes
Angeſichtes in ſich ſaugend, fühlte ſich wie von überir=
diſchen Wonneſchauern durchdrungen. Es entſtand eine
lange Pauſe. Mirjam ſchwieg, aber ſie war, wie immer,
ganz und gar Gebet. Schön — ſo ſprach ihre in Gott
entſunkene Seele — war die aufgehende Sonne, ſchön
das grüne Gelände, ſchön der blaue See, ſchön dieſes
Liebesmahl in traulichem Kreiſe, aber ſchöner als Alles iſt
Er. Welch eine Stunde iſt dies! Meine Augen ſehen den
König in ſeiner Schöne[13].

Nun, was antwortet meine Mutter? fragte Jeſus, das
Schweigen brechend. Da ſtreckte ſie ihre Hand nach ſei=
nem Haupte aus, aber ohne es zu berühren, und rief:
Gebenedeit ſeiſt du der da ſpricht: Siehe da komm' ich;
deinen Willen, mein Gott thue ich gern[14]! Und gebenedeit,
fuhr er fort, indem er ihre Hand erfaßte, iſt die welche
ihren Willen dahingibt an den Willen ihres Schöpfers[15],
und die der Anblick des Schwertes, welches durch ihre
Seele dringen wird, nicht verzagt macht! Aber nun ſage

mir: was ist in dem Bündel dort, mit dem du dich be=
schwert hast? Der Uebergang zu dieser Frage war schroff,
und Mirjam bedurfte, um sie zu beantworten, statt ihrer
dermaligen Stimmung einer andern, die sie nur allmäh=
lich gewann. Was ist süßer für eine Mutter, hob sie an,
als zu arbeiten für ihr geliebtes Kind? Und was wäre
schmerzlicher für sie, als wenn sie den Vorzug, sorgen zu
dürfen für den welchen sie unter ihrem Herzen getragen,
anderen Frauen überlassen müßte? Es ist allerlei Linnen=
zeug, wie du es brauchst, nicht zwar von sehr feiner Lein=
wand, welche unsere Armuth nicht erschwingen kann, aber
dauerhaft und sauber und alles von mir selber zuge=
schnitten, genäht und gesäumt; meine Gedanken sind
immer bei dir, aber nie mit größerer Befriedigung, als
wenn meine Hände etwas für dich schaffen können. Als
sie nun ihren Schatz aufthat und die einzelnen Stücke mit
Benennung ihrer Bestimmung herausnahm, rief Jesus zu
wiederholten Malen: Ei wie wohl hast du für mich ge=
sorgt und wie fleißig hast du gearbeitet! Das ist mehr
als ich bedarf und mehr als ich verbrauchen werde. Das
ist ja so schön und reichlich wie die Ausstattung eines
Sohnes, der die Braut heimholt oder weithin auf die
Wanderung geht! Sie wußte wohl, wie weit die Gabe
hinter diesem Rühmen zurückstand, aber wie freute sie sich

daß Er sich freute — die Wangen der Schmerzenreichen waren seit lange nicht so wie jetzt geröthet.

Da legte der Herr seinen Arm um ihre Schultern und als er sie so zur Wandbank zurückgeführt hatte und wieder neben ihr saß, begann er: Nun fahre mir fort zu erzählen was du unten beim Mahle begonnen! Ist die Stadt auf dem Berge immer noch weiß von außen[16] und inwendig finster? Noch heute, mein Sohn und Herr, erwiderte die Gefragte, sind sie dir so feind wie damals, als sie dich vom Bergrand in den Abgrund hinabstürzen wollten[17]. Und ist Mirjam, fragte er dann weiter, noch immer wie eine Lilie unter den Dornen? Ja, Herr — lautete die Antwort — die Tochter Eli's[18] ist fort und fort der beliebteste Gegenstand der losen Zungen, aber sie lebt so zurückgezogen, daß die Dornen sie wenig stechen. Und dein Gatte? — fragte er weiter — ihn behandelt man doch vielleicht etwas schonender, weil er ein Nachkomme Davids ist. O nein, antwortete sie, er ist ja doch nur ein Zimmer= mann und in den Augen der Leute hat er ein Verbrechen begangen, daß er dich, den der Himmel ihm geschenkt hat, nicht wie einen Bastard[19] verstoßen. Bei diesen Worten umzog sich das Antlitz Jesu wie mit einer Gewitterwolke und Mirjam erschrak vor sich selber, als ob sie das Heilige indem sie dies gesagt entweihe habe, und wie beschwich= tigend setzte sie hinzu: Aber das Geheimniß des HErrn ist

bei denen die ihn fürchten, und solche Schmach ist unsre
Ehre. So ist es, fuhr er fort, aber sind auch die Brüder
und Schwestern so erhaben wie ihre Eltern über die Läste=
rungen der Ungläubigen? Mirjam sah traurig vor sich
hin und sagte mit ängstlicher Wahl der Worte: Herr, in
diese Läsierung stimmt ihrer keines ein, sie schätzen und
lieben dich alle, aber du gehst ihnen zu weit, sie sind vor
deinem Gegensatz zu den bestehenden Ordnungen erschrocken,
sie können sich darein nicht finden, daß ihr erstgeborner
Bruder der Messias Israels sei. Wie, fragte er be=
fremdet, auch Jacobus und Judas[20] wären noch nicht
weiter? Ja, Herr — erwiderte sie — diese Zwei stehen
mir am nächsten, sie treten wenn die Rede auf dich kommt
immer auf meine Seite, sie riefen mir noch nach, als ich
fortgieng: Grüße ihn und sage ihn, er möge für uns
beten. Das will ich, sagte er, dieses Galiläa ist ein Land
des Todesschattens[21], und wer lange im Kerker gesessen,
gewöhnt sich nur langsam an das Licht der Sonne.

Nachdem sie so etwa eine Stunde gesprochen, stand
er auf, indem er sagte: Nun, Mutter, muß ich dich
lassen; die Minchazeit ist gekommen und mein Beruf weist
mich zu den verlornen Schafen vom Hause Israel. Bin
ich denn nicht auch deren eines? fragte sie. Nein, ant=
wortete er, du kennst den Hirten Israels und kannst mit
Sulamith sagen: Mein Freund ist mein und ich bin sein.

Aber seit du so im Lande umherziehest, sagte sie, sehe ich dich selten und doch bin ich so selig, wenn ich dich sehe. Du wirst mich noch manchmal sehen, sagte er darauf, aber Freude ohne alles Leid wird dir mein Anblick nicht eher sein als in der zukünftigen Welt. Ja, erwiderte sie, ich muß meine Seele für dieses Leben dir entwöhnen, aber was dir leicht ist kraft der Gottheit, die in dir waltet, ist mir schwer, die ich nichts als ein schwaches Menschen= kind bin. Und ich kenne, fuhr er fort, die Verhältnisse, welche, nachdem dich Gott einmal so hoch emporgehoben, dich zur Erde herabziehen und in deiner nach oben ge= wandten Seele die Sehnsucht nicht ersterben lassen. Diese Worte thaten ihr wohl, sie fühlte daß er sie durchschaue. So laß uns gehen, sagte sie, und brich mir, der Einen, zu gut nichts von der Zeit ab, die du Vielen schuldest. Da küßte er ihre Stirn und sprach: So gehe in Frieden, aber bleibe noch, so lange du kannst, hier in Capernaum bei dieser lieben Familie. Ich hoffe dich wieder zu sehen, wenn auch nicht so wie in dieser Stunde. Du bedarfst der Stärkung deines Glaubens, aber noch um ein Kleines, so wirst du anheben wie Mirjam die Prophetin: Lasset uns dem HErrn singen, denn er hat eine herrliche That gethan, Mann und Roß hat er ins Meer gestürzt. —

IV.

Die Mincha (Vesper).

steher — wir sind in großer Verlegenheit. Nicht allein
aber das — setzte der andere Gemeindebeamte hinzu —
sondern es gibt einen Hohen über den Hohen[12], dem wir
Rechenschaft zu geben haben; das ists was uns zaghaft
macht. Wie, kreischte der zweite Rabbi, ihr hinkt noch
immer nach beiden Seiten! Wisset ihr denn nicht was die
Thora sagt: „Wenn dich dein Bruder, deiner Mutter
Sohn, verführen will, andern Göttern zu dienen: so soll
dein Auge seiner nicht schonen und sollst dich seiner nicht
erbarmen und sollst ihn nicht beschönigen[13]"? Da rief
einer der Zuhörer auf der Schwelle dazwischen: Bei Gott!
er ist kein Götzendiener, er ehrt den Gott Israels durch
seine Worte und Werke. Nein, er verdient nicht blos den
Bann, sondern Schlimmeres, denn er macht sich selbst zum
Gott, schrieen die Rabbiner fast aus Einem Munde. Ihr
versteht ihn nicht, erwiderte jener, und den draußen Ste=
henden zugewandt rief er: Männer von Capernaum,
diese Jerusalemer sind gekommen, uns zu Mördern des
Unschuldigen zu dingen! Der Auflauf wurde immer größer,
und die zwei Rabbi's entzogen sich, indem sie unter Wehe=
rufen über die Gesetzunkunde der Galiläer in das Innere
der Synagoge verschwanden.

Gleichzeitig wurde die Aufmerksamkeit Aller im Säu=
lengange und auf dem Platze durch das Erscheinen Jesu
gefesselt. Eine Schaar von Kindern lief ihm voraus und

eine andere folgte ihm. Ihr Verhalten war bei allem Wett=
eifer der Neugier mehr schüchtern als keck, sie wagten nicht
ihm zu nahe zu kommen und redeten mit einander mehr
in Zeichen als in Worten. Die Vorauslaufenden aber
erhoben, auf dem Platze angekommen, das Triumphgeschrei:
Er kommt, er kommt, und stürzten wie im Wettlauf nach
dem Portal der Synagoge, um sich da einen ihrer Neu=
gier günstigen Platz zu sichern. Auch die Menge der
Männer und Frauen auf dem Platze wurde plötzlich
schweigsam, und jeder Einzelne faßte Posto, als ob ein
Festzug zu erwarten wäre. Und als nun Jesus um die
Ecke der auf den Platz mündenden Gasse bog, vereinigten
sich auf ihn Aller Blicke. Die Kinderschaar, die ihm
folgte, verlor sich hinter der nächsten Zuschauerreihe und
suchte einen Vorsprung zu gewinnen, um ihn beim Ein=
tritt in die Synagoge zu sehen. Die zwei Zuschauer=
reihen bildeten wie ein Spalier, zwischen dem er hindurch=
schritt. Alle die, vor denen er vorübergeschritten war,
traten zusammen und wurden sein Schritt um Schritt
anwachsendes Gefolge. Freundlichkeit überstrahlte diesmal
die Wehmuth seines Gesichtsausdrucks. Er blickte weder
aufwärts noch niederwärts, sondern gerade vor sich hin;
so oft aber von rechts oder links ein herzlich gemeintes
schelâm oder ischar[14] (nach mehr griechischer Grußweise)
laut ward, wendete er sich seitwärts und dankte durch ein

wunderſam holdſeliges Aufleuchten ſeines Antlitzes. Die
Zunge Mancher war durch die Macht des Eindrucks ge=
bunden. Andere blieben ſtumm, weil ſie zwiſchen ſich
und dem kühnen Neuerer, dem Inhaber übernatürlicher
Kräfte, keinerlei Verbindungslinie ziehen wollten. Ein
ehrwürdig ausſehender Greis murmelte angeſichts des
Kommenden die, wenn man einen König ſieht, übliche
Beracha vor ſich hin: „Gebenedeit ſeiſt du, HErr
unſer Gott, König der Welt, welcher dem Menſchen An=
theil an ſeiner Herrlichkeit verliehen", und ein zerlumpter
Bettler erwartete den Vorübergehenden knieend und küßte
den Saum ſeines Gewandes. Die größeren unter den
am Portal aufgepflanzten Kindern hatten zum Theil ihre
kleinen Brüder und Schweſtern auf die Schultern gehoben,
damit ſie den Wundermann beſſer ſehen könnten. Einige
Kecke waren die Säulen und das Fenſtergeſims hinaufge=
klettert. Je näher er kam, deſto ſtiller wurde das junge
Volk, aber die aufgeſchulterten Kleinen ließen ſich das
Jauchzen und Hüpfen nicht wehren. „Der Nazarener!"
rief ein kleines Mädchen, indem ſie mit der Hand nach
ihm zeigte und faſt ſeinen Kopfbund berührte. Ungeſtört
durch dieſe kindliche Neugier und unbehindert trat er in
das Gotteshaus ein, aber um ſo ärger wurde das Gedränge
hinter ihm drein, als er die Schwelle überſchritten hatte.

Die Augen der nachdringenden Menge ſuchten ihn

vergeblich. Denn in das Innere der Synagoge einge=
treten, war er sofort nach links abgebogen und hatte sich
auf einem der entferntesten Wandsitze gegenüber dem hei=
ligen Schreine niedergelassen, welcher hinter kostbarem pur=
purblauen goldverbrämten Vorhang die Thora barg.
Besser aber schien die Sonne über sein Verbleiben unter=
richtet, denn die durch die hohen Fenster sich herabsenken=
den Abendsonnenstrahlen schienen mit Vorliebe sein Antlitz
zu suchen und leisteten dem versammelten Volke eben den
Dienst, welchen der Wunderstern den Magiern geleistet
hatte. Der Scheliach Zibbur (Vorbeter) am Pulpet
vor dem heiligen Schrein betete mit einer über das Ge=
wohnheitsmäßige hinausgehobenen Andacht. Eine Kraft
sonderlicher Weihe, von der Person des Einen ausgehend,
durchdrang den ganzen Gottesdienst. Wie noch jetzt, mach=
ten Psalmen den Anfang. Betet er mit? fragten sich
fast Alle. Starr, in sich entsunken und unverwandten
Blickes nach der Stätte der Thora gerichtet saß er da,
aber seine Lippen bewegten sich und die Stimmung der
Gemeinde wurde durch das Hochgefühl dieser Gebetsgemein=
schaft mächtig gehoben. Als das Schemone Esre (Ge=
bet der achtzehn Benedictionen) mit der Benediction Aboth
anhob, da hefteten sich bei den Worten: „der du gedenkst
der den Vätern (aboth) ertheilten Gnaden und einen Er=
löser (goël) bringest den Kindern ihrer Kinder, um deines

6*

Namens willen in Liebe" die Blicke der Versammelten
auf Ihn, denn wenn sie ihn auch bei weitem nicht Alle
für diesen Erlöser hielten, so wußten sie doch Alle, daß Er
sich für diesen Erlöser halte. Als die Techinna (das
Bußgebet) daran kam und der Vorbeter auf den Stufen
vor dem heiligen Schrein auf sein Angesicht fiel, da senkte
auch Er sein Angesicht und barg es wie die ganze Ge=
meinde im linken Arme. Als das Schluß=Kaddisch in=
tonirt wurde, hob er sein Haupt und sein Antlitz erglänzte,
so daß einer der an ihn Gläubigen seinem Nachbar zu=
flüsterte: Siehe da den König in seiner Schöne[15]! Mit
den Worten des Spruchbuchs: „Fürchte dich nicht vor
plötzlichem Schreckniß und vor dem Unwetter der Gott=
losen, wenn es daher kommt"[16] lenkte die Mincha=Liturgie
zum Schlusse. Seine Augen schweiften dabei über die
Versammlung und begegneten dem durchbohrenden Blick
der zwei Jerusalemer. Er hielt ihrem Blicke Stand und
zwang ihn nieder mit der sanften Gluth seiner Augen;
der Erstüberwundene murmelte vor sich hin: „Das böse
Auge[17] dieses Zauberers tödtet."

Auf der Frauenempore droben war die Stimmung
während des ganzen Gottesdienstes eine sehr bange.
Denn es war noch nicht lange her, daß die Anwesenheit
Jesu den Anlaß zu einer mark= und beinerschütternden
Unterbrechung des Gottesdienstes gegeben hatte. Ein

Besessener hatte sich während des stillen Gebetes erhoben und ausgerufen: „Laß ab, was haben wir mit dir zu schaffen, Jesu von Nazareth! Du bist gekommen uns zu verderben, ich weiß wer du bist — der Heilige Gottes[18].“ Wer dies gesehen und gehört hatte, der konnte unmöglich diesen gellenden Schrei und die Gesichtsverzerrung und die Gliederzuckungen, unter denen er ausgestoßen ward, vergessen. Zwar hatte Jesus damals durch sein Machtwort den Dämon zum Schweigen gebracht und seine Macht über den Kranken gebrochen, aber auch die Heilung war unter gewaltsamen Erscheinungen vor sich gegangen, und die Erinnerung war mehr schauerlich als wohlthuend. Der heutige Synagogenabend jedoch verlief ohne alle Störung, und der Wunderthäter von heute morgen saß inmitten der Mitglieder der Kehilla (Gemeinde) des Städtchens still und anspruchslos und traulich wie einer ihres Gleichen, und wäre am liebsten unter den Versammelten verschwunden. Als aber der Gottesdienst zu Ende war, blieben noch Alle eine Zeit lang auf ihrem Platze. Mehrmals schon war Jesus in der Synagoge von Capernaum lehrend aufgetreten, und sein Lehrvortrag hatte die Zuhörer zum Staunen hingerissen, denn er lehrte, wie die Evangelisten sich ausdrücken[19], als ein Machtvollkommenheit Besitzender und nicht wie die Schriftgelehrten, d. h. er beschränkte sich nicht darauf, einzelne

Stellen der heiligen Schrift nach gewissen Auslegungs=
regeln zu deuten und anzuwenden, sondern in dem Be=
wußtsein, selber ein Mittler göttlicher Offenbarung zu
sein, setzte er der alten Offenbarung eine neue entgegen
und zeigte aus dem Ganzen der heiligen Schrift, daß diese
neue Offenbarung die Vollendung der alten sei. So
wartete man denn eine Zeit lang mit Spannung, ob er
die Bîma (Erhöhung mit dem Lesepult) besteigen und
das Wort ergreifen werde. Er that es aber nicht. Er
ging auch nicht zuerst zur Synagoge hinaus. Die beiden
Jerusalemer schritten voraus und blieben draußen seit=
wärts stehen, um was weiter geschehe beobachten zu können.
Als dann die Versammlung aufbrach, suchte er unver=
merkt hinauszukommen, aber das war nicht möglich. Man
wich scheu und ehrerbietig zurück und machte ihm freie
Bahn. Ein Jüngling aber trat an ihn heran und fragte
mit leiser und zitternder Stimme: Herr, hast du heute
kein Wort Gottes an uns? Komm an den See, antwortete
er mit gleichfalls gedämpfter Stimme, bald nach dem
Untertauchen der Sonne[20]! Kaum aber war er aus dem
Gesichtskreise der die Synagoge Verlassenden entschwunden,
so ging die Losung: Am heutigen Spätabend unten am
Strande! von Mund zu Mund.

V.

Der Abend.

Capernaum ist jetzt eine mit mannshohem Gras, Disteln, Bohnengewinde und Buschwerk überwachsene Stätte imposanter, bis in den See hineinreichender Trümmer. Sie heißt Tell Hûm[1]. Die Verkürzung des Namens Nahum (denn Capernaum bedeutet Nahums=Dorf) in Hum ist vielleicht schon in der alten Volkssprache gangbar gewesen, denn ebenso wurde der Name Nechunja in Pa= läftina zu Chunja verstümmelt[2]. Möglich aber auch, daß erst die Araber sich das alte Nahum in dieser Weise mundrecht gemacht haben. Eine Bedeutung hat dieses Hûm für sie nicht. Es ist kein arabischer Eigenname, und auch eine Kameelheerde bedeutet nicht hûm, sondern el-haum (el-hôm). Das Wort Tell bedeutet den Hin= wurf oder Aufwurf[3] und also den Haufen oder Hügel, und als Bestandtheil von Ortsnamen bezeichnet es die Lage dieser Ortschaften entweder auf einer Anhöhe oder auch an einer solchen. Auch von Tell Hum aus steigt das Land nordwärts eine halbe Stunde lang empor, so daß der Ort, aus der Entfernung gesehen, einen Berg hinter sich zu haben scheint[4]. Ein Pfad, welcher sich ein von Nordwesten herabstreckendes flaches Thal hinauf=schlängelt, führt den Wanderer, wenn er eine Wegstunde zurückgelegt hat, nach einem kleinen Quellbecken, welches **Bir Keráze** heißt; südwestlich davon ist eine unansehnliche, aber doch an mehreren Grundbauten von schwarzen Stei=nen aus der Ferne bemerkliche Trümmerstätte, Namens **Khirbet Keráze**[5]. Jetzt verliert sich der Pfad, das Wasser=bett kreuzend und wieder kreuzend, unter wucherndem Grase und vulcanischen Steinen, zwischen denen man sich ohne Führer nicht hindurchfindet und nur mühsam hindurchar=beitet. Von einem Wege, welcher die in Trümmern liegende Ortschaft mit dem Quellbrunnen verband, ist keine Spur mehr vorhanden. Das war in der Zeit, in welche wir uns zurückzuleben versuchen, Alles anders. Galiläa war damals von Städten und Ortschaften übersäet, deren Josephus in seiner Lebensbeschreibung mehr als zwei=hundert rechnet[6]; sie zählten bis zur kleinsten herab ihre Bewohner nach Tausenden — kein Theil des Landes lag öde, es war überall mit erfinderischem Fleiße angebaut und glich einem großen Fruchtgarten[7]. In den Ebenen Niedergaliläa's herrschte die Sykomore und in den Thä=lern die Dattelpalme, beides auf menschliche Pflege ange=wiesene Bäume[8]. Von dem Tage ab, an welchem geschah

was wir erzählen, verflossen nur einige Jahrzehnte, als
auch schon der Krieg sein Verwüstungswerk an diesem
Fruchtgarten begann; Erdbeben wie das vom 1. Jan. 1837,
bei welchem allein in Safed gegen 5000 Menschen ihren
Tod fanden[9], haben das Ihrige dazu beigetragen, wohl=
häbige Städte in Schutthaufen und lachende Gefilde in
Steinwüsten zu verwandeln. Das schwarze Basaltgestein,
welches wie die Trümmer zeigen, dem alten Capernaum
als Baumaterial diente und hin und her verstreut das
nordwärts aufsteigende Land bedeckte, ist ein Anzeichen der
vulcanischen Natur des Meeresbeckens und seiner Umge=
bung. Ein dieser Basaltsteine und der Kalksteine dazwischen
entledigter Weg führte ehedem von Capernaum nach Bir
Kerâze hinauf, und dort wo westwärts von diesem rings
von Hügeln eingefriebigten einsamen Ruheplatz spärliche
Trümmer eine alte Ortslage bezeichnen, lag inmitten gol=
diger Weizenfelder[10] das stattliche Chorazin, welches
Jesus auf seinen Wanderungen durch die Genesar=Land=
schaft und ihre Nachbarorte in hoffender Liebe gern und
oft besuchte, aber ohne sonderlichen Erfolg, denn dieses
Chorazin mit Tyrus und Bethsaida mit Sidon[11] ver=
gleichend, ruft er im Rückblick auf seine galiläische Wirk=
samkeit aus: „Wehe dir, Chorazin, wehe dir, Bethsaida!
Wären solche Thaten zu Tyrus und Sidon geschehen, als
bei euch geschehen sind, sie hätten vor Zeiten in Sack und

Asche Buße gethan." Das Gericht, welches er beiden
droht, hat sie noch spurloser als Capernaum hinweggetilgt:
erst Chorazin, welches schon zur Zeit des Eusebius[12] wüste
lag, und dann Bethsaida am See, dessen Lage sich nur
noch vermuthungsweise bestimmen läßt[13].

Als Jesus die Synagoge verlassen hatte, wünschte er,
wenn auch nur eine kurze Zeit, allein zu sein. Er suchte
auf dem nächsten Wege aus Capernaum hinauszugelangen
und ging etwa eine Viertelstunde lang den aufwärts nach
dem Brunnquell von Chorazin führenden Thalweg, ohne
ihn aber da, wo er links abbiegt, weiter zu verfolgen. Er
wollte den Blick auf Stadt und See behalten.

Er war gern allein, um ohne menschliche Zwischenreden
mit dem Gotte seines Ursprungs und seines Geisteslebens zu
sprechen. Die Naturwelt störte ihn nicht, denn er ver=
stand die in ihr verkörperten Gottesgedanken des Schöpfers
und jede Creatur gemahnte ihn an Gottesworte der hei=
ligen Schrift. Das ihm entgegenlaufende wasserlose Wadi
sagte ihm mit Worten des Buches Job: „Meine Brüder
sind treulos wie ein Gießbach, wie das Rinnsal dahin=
schwindender Gießbäche"[14], und die dem Dorngestrüpp trotz=
bietende Lilie durchbrach diese trüben Gedanken mit Wor=
ten des Hohenliedes: „Mein Freund ist mein und ich bin
sein, der unter den Lilien weidet"[15]. Der Wurm am
Boden hemmte seinen Schritt, indem er wie flehend

flüsterte: „Ich bin ein Wurm und kein Mensch"[16], und der Basaltblock am Wege raunte ihm die Tröstung zu: „Er verbirgt mich heimlich in seinem Gezelt und erhöhet mich auf einen Felsen"[17]. Es gab kein Naturwesen, welches für ihn nicht ein Quell der Belehrung geworden wäre. Um so natürlicher war es ihm, die Naturdinge als Lehrmittel zu benutzen. Auf solchen einsamen Gängen gestalteten sich seine Parabeln. Die Creaturen sagten ihm nicht allein Worte Gottes, er sah auch überall im Natur= und Weltleben Abspiegelungen der Geheimnisse des Reiches Gottes.

Unfern vom Chorazin=Brunnen stand seitwärts vom Wege ein schattengebender Oelbaum, welcher, in der zwischen dem Felsgestein eingebetteten rothen Fruchterde wurzelnd, eine umfängliche Laubkrone gewonnen hatte. Hier ließ sich Jesus nieder und, war es Zufall oder nicht, eine Schaar wilder Tauben und Turteln drängte sich auf den Zweigen zu seinen Häupten zusammen. Nachdem er eine ge= raume Zeit seine Augen mit der Hand bedeckt und das Haupt gesenkt hatte, blickte er auf und weidete sich an dem An= blick, der sich ihm von hier aus darbot. Still und eben, nur hie und da sanft vom Abendwinde erregt, lag der blaue Spiegel des See's in seiner ganzen Ausdehnung vor ihm, ein Bild des Friedens, welchen er der Menschheit bringen wollte. Drüben lag wie ein Bild des geheimen

Lebens in Gott und aus Gott das Land der Eichen und
der Adler, das von dem Gebirgsrücken Gebel el=Hîſch
überragte Waldgebirgsland zwiſchen Jordan und Hauran,
das alte Gôlân. Die Gebirge am Ufer ſtrahlten das
Licht der Sonne gelb und violett und in allen Färbungen
zurück, und unten zu ſeinen Füßen glitzerte im Abend=
ſonnengolde Capernaum, die Stadt am See, wo die ehe=
maligen Gebiete Naftali's und Sebuluns wie in ihrem
Scheitelpunkt zuſammenſtießen — der feſte Punkt, den er
ſich erkieſt hatte, um von da aus die Welt aus ihren
Angeln zu heben und in eine neue Bahn nach Gottes
Rathſchluß zu bringen. Er ſtand auf und, wie ſein Auf=
brechen vor ſich ſelber begründend, rief er die Worte der
jeſaianiſchen Weiſſagung über Capernaum hin: „Denn
nicht finſter bleibt's, wo jetzt Bedrängniß iſt; um die erſte
Zeit hat er in Schmach gebracht das Land Sebulun und
das Land Naftali, und in der letzten bringt er zu Ehren
die Straße am Meer, das Jenſeitige des Jordans, das
Galiläa der Heiden"[18]. Ja, fuhr er fort, das Volk, die
in Finſterniß hingehn, erblicken ein großes Licht, die Woh=
nenden im Todesſchattenlande — ein Licht erglänzet über
ihnen[19]. O Vater der Lichter, mache mich zum Lichte
der Menſchen, wie du die Sonne zum Lichte der Erde ge=
macht haſt! Aber — ſagte ihm eine innere Stimme —
die Sonne geht blutig unter, um herrlich wieder aufzu=

gehen. Immerhin — erwiderte er — dazu bin ich in
diese Welt gekommen, mein Leben dahinzugeben als Löse=
geld für Viele. Unter solchen Gedanken und Reden ging
er beschwingten Schritts nach der Stadt am See hinab.
Die ihm begegneten, blieben lange stehen und sahen ihm
nach, wie festgebannt von der Majestät und Holdseligkeit
seiner Erscheinung.

Wenn man von Nazareth aus vor dem Tabor vorbei
nach dem Rande der steil abfallenden Gebirgshöhe ober=
halb Tiberias gelangt ist und nun zum ersten Male den
galiläischen See in fast seiner ganzen Ausdehnung vor sich
hat: so wird man sich bei dem Gedanken, daß dies der
Punkt der Erde ist, von wo die Sonne des Heils aufge=
gangen und das Weltgeschichtsgesetz ex oriente lux sich
erfüllt hat, des überwältigenden Eindruckes dieses An=
blickes nicht entschlagen können. Aber in landschaftlicher
Beziehung bleibt der Eindruck hinter der Erwartung zu=
rück, zumal wenn man, wie Robinson auf seiner ersten
Palästinareise im Jahre 1838, in einem der Sommer=
monate dorthin kommt. Man hat eine schöne klare Wasser=
fläche in einem tiefen, niedrig liegenden Becken vor sich,
von welchem aus die Ufer fast ringsum steil und ununter=
brochen emporsteigen, außer wo sie hie und da von einer
Schlucht oder einem tiefen Wadi durchschnitten werden.
Aber die Berge sind nichts weniger als kühn geformt,

sondern meist abgerundet und ohne Sträucher und Wälder, das Grün des Frühlings ist längst abgewelkt, ihr Anblick und der Anblick des See's, den kein Segel, keine Barke belebt, stimmt eher traurig als heiter. Wer sich hier, erzählt Robinson[20], nach der Pracht der Schweizerseen oder der sanfteren Schönheit derer in England und den Vereinigten Staaten umsieht, wird sich getäuscht finden.

Wer aber den galiläischen See damals gesehen hätte, als das Fischerfamilienhaus in Capernaum den erhabensten Gast beherbergte, welcher je von Menschen beherbergt worden ist — wer ihn damals gesehen hätte, als sich Jesus vom Chorazin=Brunnen her auf dem Rückwege nach Capernaum befand: dessen Urtheil würde ungleich günstiger ausgefallen sein. Die Bergmauer, von welcher die Ostseite des See's umgürtet ist, ein bis zu etwa 1000 Fuß über den Wasserspiegel sich erhebender wellichter und unfruchtbarer Höhenzug, machte damals wie heute einen düstern Eindruck, aber um so gewaltiger wirkte der Contrast des westlichen Ufergeländes mit seinen von Capernaum bis Magdala sanft ansteigenden Höhen, seinen von da bis Tiberias hinab steiler und höher sich erhebenden Bergen: hier hatte die Natur ihre Spenden aus reichem Füllhorn ausgeschüttet, hier hatten menschlicher Fleiß und Kunstsinn ihr auch da, wo sie kargte, gleiche Freigebigkeit abgenöthigt. Das Klima der eingefriedigten Landschaft ist tropisch,

wurde aber damals gesänftigt durch·den Aushauch des
dicht von unten bis oben bepflanzten Geländes, welches
nicht allein das Süßwasser des See's, sondern auch von
den Bergen herabkommende Bäche und in der Nähe des
Ufers entspringende Quellen bewässern. Jetzt durch
Kriege und Erdbeben, durch Unsicherheit des Eigenthums
und Stumpfsinn auf einen Rest seiner früheren Schöne
heruntergekommen, war es ehedem ein weltberühmtes
irdisches Paradies. In den alttestamentlichen Büchern
heißt dieses ganze Westgestade des galiläischen oder tibe=
riensischen See's Kinnéreth oder Kinnéroth[21]; der Tal=
mud combinirt diesen Namen mit dem Instrument=Namen
Kinnor Cither oder Laute, indem er sagt: So angenehm
wie der Klang des Kinnôr sind die Früchte von Kinné=
reth[22], und nichts Größeres könnte er zum Lobe dieser
Früchte sagen, als dies daß Gott sie nicht in Jerusalem
wachsen lasse, damit der Besuch·Jerusalems nicht um
ihretwillen statt des Gottesdienstes halber geschehe[23]. Die
Sache verhält sich aber vielmehr so: es gab nahe am See
eine alte feste naftalitische Stadt Namens Kinnéreth[24]
oder nach Art vieler alter Stadtnamen im Plural Kinne-
roth[25], nach welcher Gestade und See benannt wurden;
sie selbst mag danach benannt worden sein, daß sie, wenn
man sie überblickte, die Gestalt einer Cither hatte. Diese
Stadt bekam später den Namen Ginnêsar (Gennêsar)

7

oder Ginnesar[26], wahrscheinlich von ihren schönen Gärten, denn der Name bedeutet Fürstengärten und also die Fürstengärtenstadt[27]. Diese Ortschaft muß im Mittelalter noch bestanden haben, denn Estori ha=Parchi um 1320 bestimmt nach ihr die Lage der Orte Zereda, Tanchum und Tiberias[28]; einer der talmudischen Lehrer, Namens Jonathan ben=Charscha, heißt Isch Genésar (Mann aus Genesar)[29] wie Judas der Verräther Isch Kerijoth (Mann aus Kerijoth), und obgleich keiner unserer berühmten Reisenden von dieser Ortschaft weiß, so ist doch kein Grund vorhanden, dem Zeugniß des im Februar 1865 in Jerusalem verstorbenen Rabbi Joseph Schwarz zu mißtrauen, wonach sich 1 Stunde nordwestlich von Tiberias eine Trümmerstätte findet, welche Ganjur heißt[30]. Von diesem Ginnesar bekam der See den Namen, welchen er in der Anfangszeit des Christenthums führte; das 1. Buch der Maccabäer und Josephus nennen ihn den Genesar=See, die Evangelien aber nennen See und Landschaft mit weiblicher Namensform Gennêsaret[31], mit Ausnahme des vierten Evangeliums, welches den See mit seinem jüngsten, auch in der Talmudliteratur vorherrschenden Namen das Meer von Tiberias[32] nennt. Das herrliche Thal, welches sich aufthut, wenn man von Tiberias nach Magdala kommt, hieß das Genesar=Thal und vorzugsweise die Genesar=Landschaft. Es ist hier,

sagt Josephus[33], wie ein Wettstreit der Natur, die das
Widerstreitende auf Einen Punkt zu vereinigen strebt, und
ein lieblicher Kampf der Jahreszeiten, deren jede diese
Landschaft in Besitz zu nehmen sucht. Denn der Boden
bringt die verschiedensten scheinbar unvereinbaren Obst=
arten nicht nur einmal des Jahres, sondern fast das
Jahr entlang hervor. Die königlichen Früchte, Wein=
trauben und Feigen, liefert er zehn Monate lang unaus=
gesetzt und neben ihnen reifen das ganze Jahr hindurch
der Reihe nach die übrigen Früchte. So preist Josephus,
so preisen auch andere alte Augenzeugen die wundersame
Natureigenthümlichkeit und Schönheit des Genesar=Gestades.

Das rege Leben, welches einst auf diesem gegen drei
Meilen langen und $1\frac{1}{2}$ Meilen breiten herrlichen Binnen=
gewässer herrschte, ist jetzt einer durch große Erinnerungen
geweihten Friedhofsstille gewichen. Bei der Landesver=
theilung war es mit seinem westlichen Ufer, bis nach
Kinnereth, dem spätern Tiberias, hinab dem Stamme
Naftali zugefallen[34], und einer Ueberlieferung zufolge
hatte Josua ausbedungen, daß die Fischerei mittelst der
Angel für Jedermann frei sei, nicht aber die Fischerei
mittelst Netzes, weil dies die Schiffahrt behindern würde[35].
Jetzt beschränken sich die Anwohner lediglich auf Ufer=
fischerei; die Reisenden unseres Jahrhunderts sind entweder
gar keines Bootes auf dem See ansichtig geworden, oder

7*

nur eines einzigen, welches Holz vom östlichen Ufer herüber=
holte[36]. In der Zeit aber, von der wir erzählen, wim=
melte der See von Fahrzeugen, großen und kleinen, auf
welchem Fischer bei Tag und Nacht ihr Gewerbe betrieben
und Personen und Frachten längs des Ufers und hinüber
und herüber befördert wurden. Josephus organisirte ein=
mal als Oberbefehlshaber Galiläa's einen Scheinangriff
von der Seeseite her auf das rebellische Tiberias und
brachte in Tarichia am Südwestende des See's nahe dem
Ausflusse des Jordans nicht weniger als 230 Boote mit
je vier Schiffern zusammen[37]. Als Vespasian und Titus
einige Jahre später Tarichia eingenommen hatten, wurde
der See der Walplatz einer grausigen Seeschlacht; die in
Hunderten von Fahrzeugen auf den See Geflüchteten wur=
den von den Römern auf eilends gezimmerten Flößen ver=
folgt; man sah den ganzen See — erzählt Josephus[38] —
von Blut gefärbt und voll von Leichnamen, denn kein
einziger Mann rettete sein Leben. Solche Macht des
Widerstandes, welche freilich, zumal bei der damaligen Un=
einigkeit des Volkes, den Römern gegenüber ohnmächtig
war, entfaltete das Eine Tarichia. Welch eine Betrieb=
samkeit und Wohlhabenheit muß in diesen Städten und
Dörfern der Genesar=Landschaft geherrscht haben! Wer von
den Bädern bei Tiberias nach der Stadt und dem See
hinblickte, hatte im Hintergrunde den Berg von Safed

und den die Aussicht abschließenden schneebedeckten Hermon
vor sich, und von Tiberias nordwestwärts ein vom Gestade
bis zu den Gebirgsrändern hinauf gartenkunstartig be=
pflanztes und gleich dem Ufer des Züricher See's von
Zürich bis Rapperswyl mit Häusern übersäetes lachendes
Gelände.

Das Trümmerfeld von Tell Hum liegt am Nordufer
des See's, eine Stunde weit von der Stelle, wo der Jordan
zwischen diesseits steilem und jenseits in das Deltagebilde
einer fruchtbaren Ebene sich verlaufendem Ufer widerwillig
träge und eine Masse weißen Schaums absetzend in den
See einmündet, und streckt sich in einer Ausdehnung von
einer reichlichen halben Stunde längs des Strandes hin;
die Breite landeinwärts hat etwa die Hälfte dieser Aus=
dehnung. Wenn die ansehnliche Stadt, deren Häuser sich
hier einst in langer Zeile im See abspiegelten, nicht Caper=
naum oder nach richtigerer Aussprache und Schreibung
Capharnaum war, welche andere Stadt sollte es denn ge=
wesen sein? Robinson und Andere, welche Capernaum
weiter südlich in die Nähe des Ain et=Tin (der Feigen=
Quelle) unfern von Medschel, dem alten Magdala, verlegen,
bleiben auf diese Frage die Antwort schuldig. Wenn
Josephus in einer Schlacht, die er den Römern bei Beth=
saida Julias lieferte, mit seinem Pferde zu Boden fiel
und arg verletzt nach der Ortschaft Kepharnome gebracht

wurde[39], so stimmt das zu der Lage Capernaums, welches von jenem ostwärts vom Einflusse des Jordans gelegenen Bethsaida aus die erste bedeutendere Ortschaft war, wo Josephus Aerzte zu finden und verborgen zu sein hoffen konnte. Und wenn Jesus, nachdem ihm die Hinrichtung Johannes des Täufers gemeldet, mit seinen Jüngern in einem Boote nach Bethsaida Julias hinüberfuhr und das Volk in großen Schaaren ihm dorthin zu Fuße folgte, in= dem es auf dem Wege zur Seite des See's ihm nacheilte und sogar zuvorkam[40]: so erklärt auch dies sich am besten, wenn man als Ausgangsort Jesu und als Sammelort des ihn suchenden Volkes Capernaum, die feste Station seiner Wirksamkeit, ansieht und dies nicht anderswo sucht, als da wo jetzt das Trümmerfeld von Tell Hum liegt. Nach Capernaum fuhren die Jünger auch zurück, als sie dort bei Bethsaida die wunderbare Speisung der Fünf= tausend erlebt hatten und Jesus von ihnen weggegangen war, um allein zu sein; ein Sturm, der sich den zurück= steuernden Jüngern entgegen mitten auf dem See erhob, bedrohte sie mit dem Untergange, aber Jesus, über den See hinwandelnd, kam ihnen zu Hülfe und wider Erwar= ten schnell befanden sie sich am Ziele, nämlich an dem Landungsplatze von Capernaum[41]. Am andern Morgen aber sah das Volk, daß das Eine Boot, welches Jesus herübergebracht hatte, nicht mehr da war, und erfuhr, daß

die Jünger, aber Jesus nicht mit ihnen, längst schon ab=
gefahren waren. In der Meinung, daß Jesus den Land=
weg eingeschlagen, bestiegen sie einige tiberiensische Boote,
welche dort in der Nähe von Bethsaida angelegt hatten,
und wieder ist es Capernaum, wohin sie steuern, um
Jesum zu suchen, und wo sie ihn auch finden⁴². Man
bekommt hier überall den Eindruck, daß Capernaum quer=
über von Bethsaida Julias gelegen hat und daß der
Hauptschauplatz Jesu des Christ das Land diesseits und
jenseits am Nordrande des See's gewesen ist, wie ge=
weissagt war im Buche Jesaia: „Nicht finster bleibts wo
jetzt Bedrängniß ist — um die erste Zeit hat er in
Schmach gebracht das Land Sebulun und das Land Naf=
tali, und in der letzten bringt er zu Ehren die Straße
am See, das Jenseitige des Jordans, der Heiden Galiläa
— das Volk so im Finstern wandelt siehet ein großes
Licht, und über die da wohnen im finstern Lande scheinet
es helle⁴³“.

„Außer der milden Luft — sagt Josephus in Be=
schreibung der Genesar=Landschaft⁴⁴ — trägt zur Frucht=
barkeit auch dies bei, daß der Boden von einer überaus
kräftigen Quelle bewässert wird, welche die Einheimischen
Kapharnaum nennen; Manche hielten sie für eine Ader
des Nils, weil sie Fische hervorbringt, welche dem Cora=
cinus (von der rabenartigen Schwärze benannt) im See

von Alexandrien ähnlich sind." Es ist Genesar im engeren
Sinne, wovon Josephus hier redet, das reizende Stück
Land, welches im Norden bei Khân Minîje und im Sü-
den bei Meg̱del durch seewärts sich hinabstreckende Hügel
abgeschlossen ist. Wenn also Kapharnaum eine von der
gleichnamigen Stadt benannte Quelle war, so scheint diese
Stadt in der Nähe von Khân Minîje gelegen zu haben,
wohin sie Robinson versetzt, und das eine Stunde weiter
nördlich gelegene Tell Hum scheint nicht für das alte
Capernaum gelten zu können. Aber mit Sicherheit läßt
sich aus der Angabe des Josephus nichts folgern, weil sie
an sich schon sehr unwahrscheinlich klingt. Der Name
Kapharnaum (Kapernaum) bedeutet wie wir schon einmal
bemerkt haben das Nahums-Dorf. Nun kommt es zwar
häufig vor, daß eine Ortschaft nach der in ihrer Nähe be-
findlichen Quelle benannt wird, wie das schöne und durch
salomonische Gärten verschönerte Engedi, dessen Name
den Bocksquell bedeutet, und das von seinen Schwefel-
Thermen benannte schlesische Warmbrunn. Aber daß
umgekehrt ein Quell einen mit „Dorf (kefar)" zusammen-
gesetzten Namen führt, ist unerhört; die Angabe des Josephus klingt so widersinnig als wenn ich sagen wollte:
Zwischen Soden und Hochheim in der Taunus-Ebene liegt
ein Schwefelquell, welcher Dorf Weilbach genannt wird.
Berichtigen wir aber die Angabe dahin, daß der Quell

nicht Kapharnaum, sondern Een Kapharnaum (Quell von Nahums=Dorf) hieß, und setzen wir den Fall, daß damit eine der Quellen bei Khân Minîje gemeint ist, und zwar die am weitesten nach Capernaum zu gelegene Quelle Tabigha (Tabika), welche reich an Wasser mit See= fischen darin ist und Behälter und Röhren in ihrer Um= gebung aufweist, welche vor Zeiten diese mächtigen Ge= wässer in das Land abwärts und aufwärts leiteten[45]: so würde auch dies die Benennung von dem eine Stunde weiter nördlich gelegenen Capernaum nicht ausschließen. Denn Capernaum besaß kein eigenes Quellwasser[46]. Wenn es sich aber auf dem Land= und Seewege mit Wasser aus diesem Quell versorgte, so ist es immer möglich, daß er als zu diesem nächst Tiberias bedeutendsten Orte am See gehörig betrachtet und nach ihm benannt wurde. Zwar ist das Wasser des Sees selber trinkbar; die Eigen= schaften, die ihm Josephus zuspricht[47], bestätigen sich: es ist funkelnd klar und süße und mild und kühl. Aermere Capernaiten sind also um ihrer selbst willen gewiß nicht nach der Feigenquelle oder an eine andere eine Stunde weit gelaufen, um sich Trinkwasser zu holen. Aber Wohl= habendere mußten das Quellwasser schon der Reinlichkeit halber appetitlicher finden; denn welcher ekele Städter wird gern das Wasser des die Stadt bespülenden Flusses oder Sees trinken, worin nicht allein gebadet und ge=

waschen, sondern wohin auch aller Unrath ausgeschüttet wird?

Wir dürfen indeß nicht verschweigen, daß es eine Tradition gegeben hat, welche das alte Capernaum an das Nordende der Genesar=Landschaft im engeren Sinne, welche jetzt el=Ghuweir heißt, in die Nähe des jetzigen Khân Minîje verlegte. Khân nennt man im Orient einen unbewohnten einstöckigen Bau, welcher für Reisende zur Einkehr und zum Uebernachten errichtet ist, also das was man lateinisch diversorium heißt, aber kein Wirths= haus, sondern einen als Freiherberge dienenden Schoppen (Schuppen). Wenn also der Minorit Quaresmius in seinem redseligen Werke über das heilige Land, welches 1639 in zwei Folianten erschienen ist, in Bd. 2 S. 868 sagt: „Gegenwärtig sieht man da wo Capernaum stand viele Ruinen und ein miserables diversorium, auf ara= bisch Menich genannt:" so ist der jetzt verfallene Khân Minîje gemeint, zwischen welchem und dem Ufer des See's unterhalb eines großen Feigenbaumes die sogenannte Feigenquelle hervorströmt und zur Seite des schilfigen Ufers eine Strecke üppigsten Grüns hervorruft. Robin= son und seine Begleiter lagerten hier am 19. Mai 1852 in einem herrlichen Kleefelde. Die nur einige Schritte südlich vom Khân auf einer niedrigen Erhöhung liegenden Ruinen eines, wie es scheint, nicht unbedeutenden Ortes

bildeten formlose Haufen, welche von einem beinahe ge=
reiften Weizenfelde überwachsen waren. Lag hier vielleicht
die in paläſtiniſch=jüdiſchen Schriftwerken erwähnte Ort=
ſchaft Kefar Tanchumin oder richtiger Kefar Techu=
min[48]? Ihr Name iſt dem Namen Capernaums ähnlich,
fällt aber nicht damit zuſammen; denn er bedeutet das
Grenz=Dorf und würde für dieſe Lage am Nordende des
Geneſar=Thals paſſen[49]. Die Stätte des mit dieſem
Kefar Techumin nicht zu verwechſelnden Kefar Nahum
oder Capernaum bezeichnen die ungleich großartigeren
Ruinen von Tell Hum. Dort ſah der franzöſiſche Biſchof
Arculf am Ende des 7. Jahrhunderts das alte Capernaum
liegen. Auf der Rückkehr von ſeiner Pilgerfahrt nach
Weſtbritannien verſchlagen, gab er dem Abte Adamnanus
auf der Hebriden=Inſel St. Columba folgende Beſchrei=
bung: „Die welche von Jeruſalem herabkommend Caphar=
naum beſuchen wollen, reiſen geradenwegs nach Tiberias
und haben dann ſeitwärts den galiläiſchen See und den
Ort zu paſſiren, wo Jeſus ſegnend das Brot den Fünf=
tauſenden gebrochen haben ſoll; von da gelangt man längs
des Strandes ebendeſſelben See's, ohne zu dieſem am
Ufer ſich hinwindenden Wege lange Zeit zu gebrauchen,
nach der Seeſtadt Capharnaum. Ich ſah ſie von einem
benachbarten Berge. Mit keiner Mauer verſehen und auf
engen Raum zwiſchen Berg und See beſchränkt, ſtreckt ſie

sich in langem Streifen an der Meeresküste hin; den Berg
im Norden hinter sich, den See südlich vor sich habend,
breitet sie sich in der Richtung von West nach Ost aus⁵⁰ᵘ.
So mußte sich Capernaum wirklich nach dem Gesetz der
Perspective ausnehmen, wenn man es von einem südlich
davon gelegenen hohen Aussichtspunkte erblickte. Das
hinter ihm sanft ansteigende Land verkürzte sich zum Berge,
die Längenseite der Stadt rückte in die Breite zusammen
und ihren Vordergrund bildete der See, der dort sein
Ende zu haben schien. Antoninus Martyr, welcher einige
Jahrzehnte früher Capernaum betrat, fand dort eine Basi=
lica, welche das angebliche Haus des Petrus in sich schloß,
wie eine Capelle in Nazareth die angebliche Werkstätte
und Wohnung Josephs in sich schließt. Bis unter Kaiser
Constantin wohnten in Capernaum ausschließlich Juden.
Dieser Kaiser aber ermächtigte einen jüdischen Christen,
Namens Joseph, in Capernaum und andern bisher rein
jüdischen Orten christliche Kirchen zu errichten. Die
Doppelsäulen aus Einem Block, das eingestürzte vielver=
zierte Portal, die gleichfalls mit Sculpturen bedeckten
Friese, welche jetzt auf dem dortigen Ruinenfelde zwischen
Gras und Disteln liegen, könnten die Ueberreste der Basi=
lica sein, welche um das Jahr 600 noch bestand, aber die
galiläischen Synagogen=Ruinen, denen sie gleichen, machen

es wahrscheinlicher, daß dies die unvergleichlich große und schöne Synagoge Capernaums war[51].

Capernaum lag auf einer vorstehenden Ufer-Curve, an der es einen natürlichen Damm gegen den etwas tiefer liegenden, zur Winterregenzeit aber, wo die Wadi's im Westen und Osten ihre Wassermassen darein entluden, hoch anschwellenden See hatte. Die Häuser waren theilweise so nahe an den See gebaut, daß sie mit ihrer Rückseite sich darin spiegelten; andere standen etwas abseits und hatten vor sich nach dem See zu entweder Gärten mit Lauben oder einen Trockenplatz mit Netzen; ungefähr in der Mitte dieser Strandstraße der alten Stadt, da wo das Ufer etwas eingebuchtet war, befand sich der Hafen, wo die Boote anlegten und ihre Passagiere und Frachten entluden[52]. Hier war an dem Abend, von dem wir erzählen, ein ungemein reges Leben. Wie ein Lauffeuer hatte sich die Nachricht, daß Jesus der Nazarener sich diesen Abend am See zeigen werde, nach den benachbarten Ortschaften verbreitet. Zwar um nach dem jenseitigen Ufer hinüber zu gelangen, war die Zeit vom Mincha-Gottesdienst bis jetzt zu kurz. Aber nach nicht viel mehr als einer Stunde wußte man es bereits in Bethsaida und in Chorazin, wohin die Neuigkeit gebracht worden war, während Jesus seitwärts vom Brunnen unter dem Oelbaum saß; man wußte es auch schon in dem Färber-Dorf Mag-

dala⁵³, und in dem eine halbe Stunde weſtlich oberhalb
Magdala's gelegenen Arbel mit ſeiner befeſtigten Höhlen=
reihe, Namens Talmanutha⁵⁴, und in dem Städtchen am
Feigenquell, deſſen Name jetzt verſchollen iſt. Aus allen
dieſen Orten wanderten Leute, meiſt von Neugierde, theil=
weiſe auch von Heilsbegierde getrieben, nach Capernaum.
Hie und da ritt Einer auf ſeinem Eſel; dieſes Thier ſieht
dort nobler und intelligenter aus als bei uns und iſt faſt
ſo ſchnell als das Pferd, ſchneller als das Kameel. In
Magdala hatte man ein krankes Weib trotz gewaltigen
Sträubens auf ein Boot geladen; ihre alte Mutter, die
ihr zu Häupten hingekniet war, hatte große Mühe, durch
Zureden und Niederhalten ihren Widerſtand zu bewältigen.
Die Fahrt ging, weil kein Lüftchen wehte, nur ſehr träge
längs des Ufers hin; zuweilen aber ſtieg einer der zwei
Ruderer, durch die Mutter der Kranken flehentlich ge=
drängt, in das ſeichte Waſſer und zog das Boot an der
Leine vorwärts⁵⁵. Aber wo ſollte das Boot anlegen?
Die Alte blickte, wenn ihre Kranke ein wenig ruhig war,
oft gen Himmel, um Antwort auf dieſe Frage zu erhalten.
Auch unter den Vielen die dort am Hafen herumſtanden,
war das die brennende Frage: wo wird Er ſeinen Stand=
ort nehmen? Manche freilich waren zu ſtumpfſinnig, um
danach zu fragen. Da ſtarrte Einer die ſchönen großen
Welſe und Brachſen an, welche ein Fiſcher zu fangen ſo

glücklich gewesen war; ein Anderer beschnüffelte ausge=
ladene Säcke, um ihren Inhalt zu errathen und zu tariren;
ein Dritter conversirte vom Quai aus mit dem Steuer=
mann eines Schiffes, welches an der Jordanmündung
Eisenwaaren aus den Libanon=Schmieden aufgenommen
hatte, und schrie ihm in dem damals üblichen Gemisch von
Lateinisch, Griechisch und Aramäisch zu: antiki tabta,
prakmatia schapira schöne Fracht, herrliche Waare⁵⁶!
Hie und da bestiegen Einige ein Boot und ließen sich
hinausrudern, um die Ufergegend überblicken und, wo immer
Jesus erschiene, bald zur Stelle sein zu können. Die welche
am Hafen verweilten, hofften daß Er da wenigstens vor=
beikommen werde, denn daß er hier, wo das Schiff mit
den Eisenwaaren und andere Fahrzeuge so eben ihre La=
dung löschten, nicht zum Volke sprechen werde, war mehr
als wahrscheinlich. Aber wird er links oder rechts draußen
vor der Stadt das Volk um sich versammeln? Das war
die Frage, über die man mit Hervorsuchung aller Gründe
für die eine oder die andere Möglichkeit lebhaft hin und
her disputirte.

Es war ein wonniger Abend. Der See stellte das
Bild tiefen Friedens dar: das Geplätscher seiner kurz
gebrochenen Wogen mit dem so schnell zerrinnenden als
aufperlenden Schaume glich dem lieblichen Träumen eines
sanft Entschlummerten. Und wie ein fernweg Ziehender

nach seinen Lieben zurückblickt, von denen er sich dem
Raume, aber nicht dem Herzen nach trennt: so sendete die
Sonne, hinter den westlichen Bergen hinabsinkend, dem
See und dem Jordan, der mit stolzer Wahrung seiner
Selbständigkeit hindurchzieht[57], ihren Abschiedsgruß zu;
das herrliche Blau der Wogen strahlte in ihrem Golde
und das Gewölk darüber prangte in allen Edelsteinfarben
des hohepriesterlichen Brustschilds. Die Berge drüben
aber, an sich schon röthlich und noch mehr vom Abendroth
geröthet, hüllten sich, nachdem es erloschen, mehr und mehr
wie in Rauch des Abendopfers, und diesseits mischte ein
sanfter Luftzug alle Wohlgerüche der Baumpflanzungen
und Gärten und des das Ufer mit rosigem Schimmer
umkränzenden Oleandergebüschs[58] wie zu köstlichem Räucher=
werk ineinander, und in den kurzstämmigen Nebelbäumen
mit ihren röthlichen pflaumenähnlichen Früchten[59] gurrten
Tauben und zwitscherten Sylvien ihr Abendlied; hie und
da sah man auch einen Pelekan[60], der, des Tauchens müde,
seiner Ruhestatt auf den jenseitigen Klippen zuflog. Nur
am Hafen wurde diese Feierabendstimmung von kreischen=
den Menschenstimmen durchbrochen, die sich nicht um sie
kümmerten. Die welche draußen in Erwartung des gro=
ßen Predigers und Wundermannes auf= und abgiengen,
konnten nicht umhin, sich zugleich des Friedens der Natur
zu freuen, und die dazwischen hin= und herspringenden

Kinder, welche Muſcheln und Perlen darin[61] ſuchten,
Sträuße von Lilien, Krokus, Scabioſen und andern Blu=
men ſammelten und hie und da einen flachen Stein über
den Waſſerſpiegel hintanzen ließen, vermannigfaltigten
dieſes Abendgemälde, ohne es zu ſtören. Weit belebter
war die Strandſeite nach der Einmündung des Jordan als
nach Magdala zu. Ohnehin war es wahrſcheinlicher, daß
er, von Chorazin herkommend, auf dieſer Seite erſcheinen
werde, und zudem wandelten hier zwei Frauen, von denen
man annahm, daß ſie es wiſſen müßten. Es war das
Weib des Petrus mit Maria, welche ſich gern hatte
nöthigen laſſen, dieſen Abend, an welchem ſie das Wort
des Lebens aus dem Munde ihres Sohnes zu hören und
ihn mitten in ſeiner Wirkſamkeit zu ſehen hoffte, noch in
Capernaum zu bleiben. Wir ſind vielleicht doch, ſagte
Maria, auf der falſchen Seite. Nein, antwortete ihre
Begleiterin, er kommt ſicher von ſeinem Lieblingsplatze
beim Chorazinbrunnen, wir werden ihn nicht verfehlen.
Das Weib Simons des Fiſchers kenne ich, ſagte ein hinter
den Frauen hergehender Choraziner zu einem Capernaiten,
aber wer iſt denn die einfach gekleidete Alte, die mit ſo
vornehmem Anſtand einhergeht? Das iſt Mirjam, Tochter
Eli's[62] — ſagte dieſer — die Mutter des Nazareners,
die heute ihn zu beſuchen gekommen iſt. Da eilte der
Choraziner den Frauen voraus, aber kaum hatte er ſich

umgewandt, um Maria ins Gesicht zu sehen, so mußte er
sich auch schon wieder abwenden, ohne seine Neugier so
wie er wünschte befriedigen zu können, denn er vermochte
den Strahl ihrer Augen nicht zu ertragen.

Während das Volk in dieser Weise erwartungsvoll
am Ufer des See's sich auf= und abbewegte, befanden sich
die jerusalemischen Rabbi's in dem Garten eines weitab
von der Stadt gelegenen Landhauses, von dessen Terrasse
man eine herrliche Aussicht nordwestwärts auf den Berg
von Safed und fernhin im Norden auf den Schneegipfel
des Hermon hatte. Der Hausherr und mehrere der
reichsten und angesehensten Capernaiten, welche er zu
Ehren seiner Gäste und um, wie er sich ausdrückte, den
Spectakel des heutigen Abends mitanzusehen, zusammen=
geladen hatte, saßen in der Laube des Gartens angesichts
seiner herrlichen Orangen, Limonen und Rosen lebhaft sich
unterhaltend bei einander, während die Diener seines Ge=
bäck und die auserlesensten Genesar=Früchte auf silbernen
Tellern herumreichten. Das Gespräch betraf eine Zeit
lang die Casuistik der Verzehntung. Ich habe, sagte der
Wirth, unten im Thale[68] drei Baracken, in denen meine
Obstsammler hausen: dürfen meine Kinder und Leute von
den Früchten dort essen ohne daß sie vorher verzehntet
sind? Sie dürfen, antwortete die Jerusalemer. Aber,
fuhr der Wirth fort, in einer der Hütten haben die Leute

sich ganz häuslich eingerichtet: sie haben dort eine Hand=
mühle und halten Hühner. Auch eine solche Hütte, urtel=
ten die Jerusalemer, ist nicht zehntenpflichtig[64]. Paß auf,
sagte der Wirth zu seinem dabeistehenden Sohne: wer in
einer Parfümerie=Handlung verweilt, bekommt, obschon er
selber weder verkauft noch kauft, dennoch wohlriechende
Kleider[65]. Ihr Jerusalemer seid doch glücklich, rief einer
der Gäste, die ihr am Quell der Thora sitzet. Nun
denn, lautete die Antwort, so brecht euch nicht selbst von
dem Zusammenhange mit Jerusalem ab, indem ihr diesem
Jesus nachlaufet. Unser Volk — sagte ein reicher Schiffs=
herr — ist unwissend wie die Esel. Er sprach das Wort
chamarin Esel so undeutlich aus, daß man ungewiß blieb,
ob er Esel oder Schafe meinte[66]. Ja, sagte darauf an=
züglich beistimmend einer der zwei Rabbi's, daß ihr un=
wissend seid, hört man schon an dem Kauderwelsch eurer
Sprache. Diese Aeußerung verletzte das galiläische Selbst=
gefühl und wirkte verstimmend. Ein Greis, der wenigstens
so alt war als die beiden Rabbi's zusammengenommen,
entgegnete ruhig und lächelnd: Nicht so gestreng, ihr Herren
von Hierosolyma[67]; auch Galiläa hat nicht blos schöne
Gegenden, sondern auch große Männer, und auch diesem
Jesus von Nazareth werdet ihr zugestehen müssen, daß es
ein großer Mann ist, wenn auch kein Lamdan (Gelehrter)
nach eurem Zuschnitt. Nein, nein, riefen sie wie aus

Einem Munde, er ist ein Meschummad (Abtrünniger),
er ist ein Min (Häretiker), er ist nicht besser als ein Goj
(Heide)[68]; er ist ein solcher Am haarez (Plebejer), von
welchem R. Jochanan gesagt hat: man darf ihn zerreißen
wie einen Fisch[69]. Männer Jerusalems, rief der Wirth, um
das gesellschaftliche Gleichgewicht wieder herzustellen, urtheilt
nicht so schonungslos über den Mann, dem so viele Kranke
Capernaums und der Umgegend ihre Gesundheit ver=
danken; ihr seid ja kaum erst hierher gekommen, beobachtet
ihn heute Abend und weiter, schließt nicht so schnell ab.
Die Zwei fühlten, daß sie durch solche leidenschaftliche
Ausbrüche mehr schadeten als nützten und fuhren fort:
Männer Galiläa's, liebe Brüder, habt ihr nicht im Buche
Job[70] gelesen: „Zu rügen Worte gedenkt ihr? Gehören
doch dem Winde eines Verzweifelten Worte." Der Eifer
um unsere Nation, welcher Einheit jetzt nöthiger ist als je,
macht uns so schroff. Erinnert euch nicht schon der Name
von Tiberias diesseit und Bethsaida Julias jenseit dieses
schönen See's, daß ihr nicht mehr Herren eures eignen
Landes seid? Eine Besatzung, die aus heidnischen Söld=
lingen besteht, gibt euch zu fühlen, daß ihr Knechte eines
Herodes seid und daß dieser ein Knecht der Römer ist[71].
Auf den Denaren müßt ihr das Bild des römischen
Kaisers dulden und jede Kupfermünze, die ihr ausgebt
und einnehmt, trägt wenigstens seinen Namen. Sollen

wir, die Söhne Freier[72], ewig Knechte bleiben? Nein,
unsere Lehrer haben gesagt: „Zwischen der gegenwärtigen
Weltzeit und den Tagen des Messias ist kein Unterschied
als allein die Fremdherrschaft[73]". Also: wenn der Messias
kommt, wird er Israel um sich schaaren und das Joch
dieses gottlosen Römerreichs[74] zerbrechen und das Land
Israel reinigen von den Greueln des Heidenthums, den
Theatern und Amphitheatern und Circus und Bildern,
deren es jetzt von Jerusalem bis Kisrin (Cäsarea), von
Tiberias bis Acco, von Neapolis (Sichem) bis Berhtus
voll ist. Nun seht euch einmal diesen Nazarener an und
sagt, ob er der Messias sein kann, wofür ihn die Mînîm
dieses Capernaum[75] halten. Denkt einmal auf sein
Haupt den Helm und in seine Hand das Schwert — ihr
könnt es nicht. Er ist's nicht, der Rom stürzen wird.
Statt die Nation zu einigen, entzweit er sie durch seine
neuen Lehren, und statt sie zu Krieg und Sieg gegen das
Weltreich zu führen, predigt er euch Zufriedenheit mit der
Knechtschaft und Gehorsam gegen die Tyrannen.

So ungefähr lautete die Rede der Zwei, die wenn der
Eine pausirte der Andere fortführte. Verglichen mit dem
die Gegenwart selbstsüchtig ausbeutenden Servilismus der
Römlinge und Herodianer und dem von den öffentlichen
Angelegenheiten zurückgezogenen Traumleben der Essäer hatte
das Nationalbewußtsein und der Religionseifer dieser

Pharisäer-Jünger etwas Imponirendes. Als sie aber um-
herblickten, neugierig was man ihnen erwidern werde, ward
die ganze Gesellschaft von einer andern Neugier ergriffen,
welche auch sie unwiderstehlich mit fortriß. Draußen auf
der Straße vor dem Hause entstand ein großer Lärm.
Man vernahm das Getrabe Vorüberlaufender und aus
dem wirren Durcheinander ihrer Stimmen hoben sich, bis
über den Gartenzaun herüberschallend, die Rufe heraus:
Er kommt! Zu Wasser! Fort, fort auf die Magdala-
Seite! Meine Herren Gäste, rief der Wirth, indem er auf-
stand, folgt mir wenn ihr ihn sehen wollt; denn wenn er
zu Wasser kommt, so kommt er hier nahebei an uns vorüber. Die ganze Gesellschaft eilte wie magnetisch gezogen
dem Hausherrn nach und nahm unter dem Pavillon auf
einem in der Ecke des Gartens aufgeworfenen Hügel Platz,
von wo man weithin den Wasserspiegel überblickte.

Es währte nicht lange, so bot sich den Zusammenge-
drängten oben auf dem Hügel ein beneidenswerther Anblick dar. Ihnen galt das Wort, das sie noch nicht zu
würdigen wußten: Selig sind die Augen, die da sehen das
ihr sehet[76], aber selig preisen wir auch uns, die wir was
sie sehen durften uns im Geiste vergegenwärtigen und mit
Geistesaugen zu schauen vermögen. Das Boot, welches
vorüberfuhr, trug Jesum und die vier Urapostel; denn
Petrus und Andreas hatten ihn mit ihrem Boote draußen

am See erwartet, und Jacobus und Johannes waren aus
Bethſaida herbeigeeilt⁷⁷. Hinten am Steuer ſaß Simon
mit gravitätiſcher Miene, in welcher ſich das ſtolze Be-
wußtſein abprägte, den der vor ihm ſaß ſeinen Hausge-
noſſen nennen zu dürfen. Auf der Vorderbank ſitzend
und unverwandt auf Jeſum gerichtet, zertheilten Andreas
und Jakobus das ſanfte Gewoge mit ſo gewaltigem Ruder-
ſchlag, daß das Boot auch ohne Segel wie mit Flügel-
ſchnelle dahinſchoß. Und auf der mittleren Bank ſaß
Jeſus und ihm zur Linken der Jünger den er lieb hatte;
Jeſus hatte mit der Rechten Johannes Rechte ergriffen
und drückte ſie an ſein Herz, und Johannes, die Puls-
ſchläge dieſes Herzens fühlend, war in ſtumme Wonne
verſunken. Und Er ſelbſt — wie ſoll ich ihn, den Un-
beſchreiblichen, beſchreiben? Jugendlichkeit und Männlich-
keit, Weichheit und Stärke, ungeſchwächte Kraft und
namenloſes Leiden, hehre Majeſtät und ſanfte Demuth —
alles das war in ſeinem Antlitz und ſeiner Haltung wunderſam verſchmolzen. Himmel und Erde waren in ihm
geeinigt; der Himmel durchſtrahlte die Erde und die Erde
ſänftigte den Strahl des Himmels. Seine Erſcheinung
war eine andere als während des Tages: er war nicht
gebückt und ſah nicht vor ſich hin, ſondern erhobenen Hauptes und heiter um ſich blickend ſaß er wie ein König in
ſeiner Barke, und die vielen Boote, welche der Richtung

des seinigen folgten, nahmen sich aus wie seine Flotte.
Er liebte den Abend vor allen Zeiten des Tages[78], er sah
am heutigen Abend mit Zufriedenheit auf das Tagewerk
zurück, das ihm sein Vater im Himmel beschieden, er be=
fand sich abgeschlossen gegen die Welt und doch aller Welt
sichtbar inmitten seiner Gemeinde, die sich ihm in den
zwei Apostelpaaren darstellte, er empfand das Vorgefühl
des Sabbats, in den er einst eingehen werde, um zu ruhen
von seinen Werken. Einige Abendrothstrahlen schienen
sich verspätet zu haben, um auf seinem Antlitz zu erster=
ben, und wie um Ihn zu sehen stieg hinter den braunen
Bergen drüben, mit Purpur übergossen, der Vollmond
auf, und ein linder Abendwind erhob sich, wie um die
Stirn des Herrn zu kühlen, und der See hob und senkte
sich wie in feierlicher rhythmischer Bewegung und seine das
Boot umgaukelnden Wellen warfen diesem ihre blitzenden
Diamanten entgegen. Es war ein überwältigender An=
blick. Als das Boot vor dem Garten vorbeisteuerte, lenkte
Petrus die Aufmerksamkeit Jesu auf die Zuschauermenge
unter der Alkit[79]. Er blickte hinüber mit holdseligem
Lächeln. Da rief ein Jüngling unter den Gästen lauten
Rufes aus: Elaha de Jisrael, dên[80] malca Meschicha
(beim Gott Israels, das ist der König Messias), und der
Greis drückte auf diesen Ruf das Siegel, indem er mit
fester Stimme sagte: îhu nîhu (er ist es)[81]. Da rissen

die zwei Jerusalemer so viele der Gesellschaft als sie konn=
ten mit sich hinab, indem sie schrieen: Wendet die Augen
weg; wehe euch, ihr werdet bezaubert[82]! —

Auf der Südseite war der Anlandungsplatz für die
Boote, welche Holz aus Golan, dem Waldgebirgslande,
von dem östlichen Ufer auf das westliche überführten.
Hierher steuerte das Boot, welches Jesum trug, indem es
eilends vor dem Hafen Capernaums und vor der Stadt
in ihrer ganzen Länge vorüberschoß. Als es an seinem
Ziele anlangte, trieben sich dort nur wenige Personen
herum, welche in keiner andern Absicht da zu sein schienen,
als sich das dort lagernde Bau= und Brennholz zu be=
sehen. Dagegen war es mehr als ein glücklicher Zufall,
daß das Boot mit der Kranken aus Magdala, deren
Sträuben zu bändigen, deren Schreien zu dämpfen ihrer
Mutter die äußerste Anstrengung kostete, gerade hier an=
gelegt hatte. Herr, sagte Johannes, dort wartet deiner
schon Arbeit. Immerhin, antwortete Jesus, ich muß
wirken die Werke deß der mich gesandt hat; es kommt die
die Nacht, da Niemand wirken kann[83]. Kaum ward das
Weib seiner ansichtig, so erkannte sie auch sofort den Un=
verkennbaren und rief mit herzzerreißender Stimme ihm
entgegen: O Jesu, unser Lehrer und Helfer, du Gesandter
des Allbarmherzigen[84], hilf meinem armen Kinde, denn
der Heilige, gebenedeit sei Er, hat mein Gebet erhört, daß

wir dich und daß du uns gefunden! Da lenkte Petrus
unter Mitwirkung der gegenübersitzenden Zwei, die ihr
Ruder nur noch unmerklich im Wasser plätschern ließen,
das Fahrzeug so, daß es mit seiner Bordseite dicht an die
des andern Fahrzeuges zu liegen kam. Jesus erhob sich,
das Weib sank in die Kniee, die Kranke aber suchte sich
mit aller Gewalt emporzuraffen und auf der andern Seite
des Boots kopfüber ins Wasser zu stürzen; der Schiffer
und Johannes, der hinübergesprungen war, hielten sie bei
ihren Armen, und ihre Mutter hielt die langen Haar=
flechten ihres Kindes[85] krampfhaft umschlossen und barg
darein ihr Antlitz; ihre Thränen standen still, ihr Denken
war verschlungen von den entscheidungsvollen Augenblicken,
ihre Seele war ganz und gar Gebet ohne Worte. Woher
sind diese Leute, fragte Jesus den Schiffer, und als er
gehört, daß sie aus Magdala kämen, sprach er zu seinen
Jüngern: Wehe diesem Magdala, denn es wird zur
Trümmerstätte werden von wegen der Unzucht[86]; all die
reichen Gaben, die es nach Jerusalem ausführt[87], werden
ihm nicht helfen; denn, wie der Prophet sagt, von Unzucht=
lohn hat sie gesammelt und zu Unzuchtlohn wird es
wieder werden[88]. Hierauf sagte er: Wendet ihr Angesicht
herwärts, daß ich sie sehe! Es war schwer dies auszu=
führen, da die Kranke ihren Kopf so weit als nur möglich
nach dem Wasser hinabgeneigt hatte. Aber es gelang

Johannes' begütigenden Worten. Maria, sprach er (denn zur Mutter hingebückt hatte er leise ihren Namen erfragt), willst du ewig in der Gewalt der Dämonen bleiben? Siehe, der Dämonen=Ueberwinder steht vor dir, schaue ihn doch an, daß du genesest. Wir alle beten für dich wie einst Mose unser Lehrer, Friede über ihn, für seine Schwester gebetet hat: O Gott, heile sie doch[89] — so mache doch unser Gebet nicht zu schanden; jetzt ist der Augenblick, wo du dich und deine Mutter glücklich machen kannst. Diese Worte wirkten, sie setzte der Gewalt nicht mehr Gewalt entgegen, sie ließ ihr Haupt emporrichten und ihr Antlitz Jesu zukehren. Als sie ihn zu sehen bekam, gerieth ihr ganzer Körper in so heftige Zuckungen, daß das Boot zu schaukeln begann, und sie stieß mark= und beinerschütternde Weherufe aus, die weithin über den See hinüberhallten. Jesus aber hielt mit seinen Augen die ihrigen fest, durch= schaute sie bis auf den Grund und zerschmolz mit seinem Flammenblicke die siebenfache Kette, in welcher ihre Seele gefangen lag. Die Tobende ward willfährig und brauchte nicht mehr gehalten zu werden, ihre Zuckungen ließen nach, die Verzerrung ihres Gesichts und die Unstetigkeit ihrer Augen hörten auf, starker Schweiß perlte von ihrer Stirn und mischte sich mit den aus ihren Augen quellenden Thränen — ihre Mutter machte ihr Platz und hinge= sunken dorthin, wo diese bisher gekniet hatte, rief sie mit

halblauter zitternder Stimme zu Jesu empor: O Herr,
ich bin eine große Sünderin; ist die Thür der Buße für
mich noch offen? Sei getrost, meine Tochter — antwortete
Er[90], — Gott hat nicht Gefallen am Tode des Gott=
losen[91]: du warst eine Behausung böser Geister, werde nun
ein Tempel des lebendigen Gottes[92]! Und die Mutter, die
ihm zurief: Habe Dank, du Tröster Israels[93], unterbrach
er, indem er sagte: Fahret nun eilends nach Magdala
zurück und macht nicht viel Redens, sondern danket Gott
in der Stille. Johannes begab sich in das Boot Jesu
zurück und bald schwamm das andere Boot seeabwärts.
Die beiden Frauen saßen auf der mittleren Bank. Maria
Magdalena hielt dankend ihre Mutter umschlungen und
beide saßen stumm neben einander, unverwandt auf Jesum
gerichtet, bis das immer weiter westwärts sich ziehende
Ufer ihnen seinen Anblick verdeckte.

Als das Boot mit den Frauen abgefahren war, band
Petrus das seinige an den Pfahl, an welchen es ange=
bunden gewesen war; Jesus aber blieb in sich gekehrt,
ohne sich umzublicken, im Boote sitzen und auch die Jünger,
denen die Ehrfurcht nicht gestattete, ihn zum Aussteigen
zu drängen, blieben mit ihm. Unterdeß strömten die
Einwohner Capernaums, Männer, Frauen und Kinder,
schaarenweise herbei, darunter auch Soldaten der herodeisch=
römischen Besatzung und mehrere fremde Gesichter solcher,

welche von Peräa, der Dekapolis und Syrien[94] auf dem
Landwege gekommen waren und heute Nachmittag das Ziel
ihrer Wanderung erreicht hatten; ein glücklicher Zufall
führte auch Manche, die von Tiberias her die Bergstraße
am See eingeschlagen hatten, gerade heute Abend auf
diesen Platz, den sie, um nach Capernaum zu gelangen,
passiren mußten, und auch die Zollstätte des damals schon
innerlich erfaßten Matthäus entlud einige Fremde, welche
dort herbergend den günstigen Augenblick, wo sie Jesu
nahe kommen könnten, erspähten[95]. Als der Platz sich
gefüllt hatte, sagte Petrus mit sanfter Stimme, hinter der
er seine Ungeduld versteckte: Marâna werabbâna (unser
Herr und Meister), das Volk ist versammelt und harret
dein. Da erhob sich Jesus. Petrus schlug mittelst eines
Bretes eine Brücke vom Fahrzeug zum Ufer und eilte
selbst zuerst hinüber, um ihre Festigkeit zu sichern und
Platz für den Aussteigenden zu machen, denn an dieser
Uferstelle bildete das Volksgedränge den dichtesten Knäuel.
Jesus verließ nun das Boot, gefolgt von den drei andern
Jüngern und nachdem er hinübergeschritten war, sprach er:
Schim'on Kêfâ[96] (so nannte er ihn, wenn er in Sachen des
Reiches Gottes seines treuen energischen Dienstes bedurfte),
ich habe mir die Palme dort zum Standort ersehen. Es
war aber schwer, vorwärts zu kommen. Denn die nahe
dem Boote sich am Ufer aufgestellt hatten, waren großen=

theils Kranke, denen man aus Mitleid den Vortritt ge=
stattet hatte. Und kaum hatte Jesus den Fuß ans Land
gesetzt, so klangen Hülferufe in verschiedenen Mundarten
und den mannigfachsten Huldigungsformeln: Rabbi! Rab=
buni! Heiliger des Höchsten! Sohn Davids! Sohn Gottes!
wirr durcheinander, und als Jesus, mit der Hand ab=
wehrend, sagte: Laßt mich! dieser Abend ist nicht zur Hei=
lung eurer Leibesgebrechen bestimmt[97], sondern daß ihr
Worte des Lebens vernehmet für eure Seelen — da
stürzten sie dennoch auf ihn zu, auf daß sie ihn wenigstens
anrühreten[98]. Als er sich endlich mit Hülfe seiner Jünger,
die das Volk, jeder in seiner Weise, mit freundlichen Wor=
ten beschwichtigten, bis zu der Palme hindurchgearbeitet
hatte, winkte er dem Volke daß es sich lagere. Die
Bodenerhöhung, auf welcher die Palme stand, war zwar
nur gering, aber als die Menge reihenweise auf dem
Boden niedergesessen war[99], wurde sie doch bemerklich.
Das umherliegende Bauholz hatten, so weit es ausreichte,
die Frauen und Kinder in Beschlag genommen.

Haben wir uns nun etwa vorzustellen, daß Jesus
stehend zu den Versammelten sprach? Diese Vorstellung
wäre gegen die evangelische Geschichte, welcher vor
allem wir die Farben unseres Gemäldes zu entnehmen
haben. Als er die Bergpredigt hielt, welche als Pro=
gramm des messianischen Reiches das Gegenbild der sinai=

tiſchen Grundgeſetzgebung und zugleich innerhalb der von
Matthäus geſchaffenen Evangeliengeſtalt ein Muſterbild
ſeiner Predigtweiſe iſt, da ſaß er, wie der Heliand, eine
altſächſiſche Umdichtung der evangeliſchen Geſchichte, ſchön
umſchreibt: „Und ſchweigend ſaß er, ſah lang ſie an mit
dem ſanften Muth und holden Herzen, Und als er den
heiligen Mund erſchloß, floß herrlich ſeine Rede hin!“
Wenn Lucas ſagt, daß er, von der Berghöhe herabgeſtiegen,
auf einen ebenen Platz hintrat, ſo iſt damit gemeint, daß
er auf einer ſolchen Platte, einer ſolchen Terraſſe ſeinen
Standort nahm, aber hinſitzend, wie ſie der ſattelförmige
Kurûn Hattîn zwei Stunden weſtnordweſtlich von Ti=
berias unterhalb ſeines öſtlichen Gipfels aufweiſt[100]. In
der Synagoge von Nazareth ſteht er, indem er die Haf=
tara d. i. die prophetiſche Schlußperikope des Sabbattages
verließt, dann aber, als er die Buchrolle wieder zuſammen=
gefaltet und ſie dem Schammaſch d. i. Synagogendiener
übergeben hat, hält er ſeinen Vortrag, ſeine Deraſcha
darüber[101] ſitzend, wie überhaupt der eigentliche Darſchan
oder Vortragende in der Synagoge ſaß und nur der Me=
thurgeman oder Amora d. i. derjenige, welcher ihm
beigeordnet war, um das Vorgetragene der Gemeinde zu
dolmetſchen oder mit lauter durchdringender Stimme zu
wiederholen, ſtehen mußte[102]. Auch im Tempel von Je=
ruſalem lehrte Jeſus ſitzend[103], und wenn er einmal am

siebenten Laubenfesttage sich im Tempel hinstellte und in
Anknüpfung an den festlichen Brauch, Wasser aus dem
Siloah heraufzuholen und auf dem Altar auszugießen, in
das Volk hineinrief: Wer da dürstet, der komme zu mir
und trinke[104], so war das eben nur ein Ruf in das Fest=
getümmel hinein und kein Lehrvortrag. Auch vor der
Speisung der Fünftausend und der Viertausend finden wir
ihn auf dem Berge oben sitzend[105]. Und da wo jene
drei Evangelisten, welche wir wegen ihres gleichartigen
Evangelientypus die Synoptiker zu nennen pflegen, uns in
einer zusammenhängenden Reihe von Gleichnissen ein Bild
der parabolischen Lehrweise des Herrn geben, sitzt er am
Ufer des Genesar=See's, und als das Volksgedränge ihm
hinderlich wird, besteigt er das Boot Simons, läßt es ein
wenig vom Lande abstoßen und predigt von da aus der
am Uferrande stehenden Menge[106]. Auch in Capernaum
treffen wir ihn sitzend. Sitzend ruft er die Zwölfe zu sich
und hält ihnen, indem er ein herzugenommenes Kind in
seine Arme schließt, einen Vortrag über Kindersinn und
Kinderliebe[107]! Und als ihm seine Mutter und sein Bru=
der in Capernaum besuchen, ist er drinnen im Hause und
eine Menge Volkes sitzt um ihn herum[108]. Das ist eine
ähnliche Scene, wie wenn Ezechiel, der Prophet der baby=
lonischen Exulanten, in seinem Hause zu Tel Abib sitzt
und die Aeltesten Juda's vor ihm sitzen, um das Wort

Gottes zu vernehmen[109]. Wir würden also fehlgreifen, wenn wir Jesum stehend zum Volke sprechen ließen. Unter jener vereinzelten Dattelpalme[110] lag ein formloser Stein, auf dem schon Mancher gesessen hatte, um unter dem Schirm ihrer herabgeneigten Blätterkrone sich seinen Ge= danken zu überlassen oder an dem Leben auf dem See zu weiden. Die Akademie in Jabne (Jamnia) hatte die Form einer Rennbahn; auf einem einfachen Steine sitzend hielt nach Jerusalems Zerstörung Eliezer ben=Azaria, zum Patriarchen ernannt, seine Lehrvorträge[111]. Etwas Außer= ordentliches war es also nicht, wenn Jesus, der außer= ordentliche Rabbi, diesmal auf einem Steine seinen Platz nahm und ihn zu seiner Kanzel machte.

Wie begann er, fragen wir weiter, wie redete er die Versammlung an? — die Evangelien geben uns darüber keine direkte Auskunft, denn ihr Interesse an der Form der Reden Jesu ist dem Interesse an dem Inhalt unter= geordnet. Auch die Reden an die Apostel, welche die vier Evangelien enthalten, sind ohne vorausgeschickte Anrede, und von den Reden an das Volk[112] wird uns nur Eine, nämlich die Bergpredigt, welche mit Seligpreisungen be= ginnt und eine vorausgeschickte Anrede nicht erwarten läßt, in umfänglicher Gestalt mitgetheilt? Anderwärts hören wir ihn Chorazin, Bethsaida und Capernaum anreden, über die er das Wehe ruft, und die Pharisäer und Schrift=

gelehrten, denen er in achtfachem Weheruf die Heuchler=
larve abreißt, und Jerusalem, die prophetenmörderische
Stadt, welcher er unter Thränen das Strafgeschick ankündigt,
welches sie durch Zurückstoßung des entgegengebrachten
Heils verwirkt hat[113] — mit welchen Worten aber er seine
Ansprachen an das um ihn versammelte Volk in den Sy=
nagogen, in Jerusalem und im Freien begann, hören wir
nicht. Wir werden es also zu erschließen suchen müssen.
Wenn er die Jerusalemerinnen, die ihm klagend und wei=
nend auf dem Wege nach dem Richtplatze folgen, „Töchter
Jerusalems" (Benôth Jeruschalajim) anredet[114], so wird
seine Anrede an vorzugsweise aus Männern bestehende
Zuhörerkreise „Söhne Israels" (Benê Jisrael) gelautet
haben, zumal da er sein Volk mit Vorliebe bei seinem
heilsgeschichtlichen Ehrennamen Israel nennt[115] und nur
einmal im Gespräch mit der Samariterin den Juden=Na=
men gebraucht, aber auch diesen nicht ohne das dem Juden
zustehende berechtigte Selbstgefühl, indem er sagt: Das Heil
kommt von den Juden[116]. Wie aber die Anrede, wenn
er zu den Israeliten Galiläa's oder Judäa's oder Jeru=
salems sprach, sich noch weiter besonderte, können wir den
Engel = Worten Apostelgesch. 1, 11 entnehmen: „Ihr
Männer von Galiläa, was stehet ihr und sehet gen Him=
mel?" Wenn der Herr, wie an dem Abende, den wir
schildern, in Galiläa zu dem um ihn versammelten Volke

sprach, so wird seine Anrede „Söhne Israels, Männer Galiläa's (Bene Jisrael Ansche ha-Galîl) gelautet haben.

Uebrigens dürfen wir, wenn wir uns die Vortrags= weise Jesu vergegenwärtigen, nicht unsere rhetorischen und homiletischen Vorstellungen maßgebend sein lassen. Wie Er unser Fleisch und Blut an sich genommen hat, obwohl ohne Sünde: so zeigt er sich in seinen Reden trotz ihres spezifisch neuen und einzigartigen Inhalts als der Sohn eines semitischen und insbesondere des jüdischen Volkes. Die japhetische Vortragsweise charakterisirt sich dadurch, daß sie in einem Punkt einsetzt, von da einen Kreis be= schreibt und innerhalb dieses Kreises nach allen Seiten Radien zieht; die semitische dagegen reiht in linearer Bewegung Punkt an Punkt und begnügt sich mit der innerlichen Einheit des Geistes und Zweckes. Von jener Gedankenentwickelung unterscheidet sich diese Gedankencom= position auch noch dadurch, daß der Gedanke aus der rei= nen Begrifflichkeit heraus nach Verleiblichung strebt und entweder sich in bildlichen Ausdruck kleidet oder durch Bild und Gleichniß erläutert. Wer Talmud und Mi= drasch kennt, der weiß auch daß Veranschaulichung durch Parabeln ein charakteristischer Grundzug namentlich der jüdischen Lehrweise ist. Eine natürliche Folge dieser Vor= liebe zur Sentenz und Bildrede ist die Kürze des Vortrags:

er darf sich nicht lang hindehnen, um die Hörer nicht zu überladen, sondern ihnen Zeit zum Nachdenken zu vergönnen. Und da bei Lehrern, die nicht selber Organe göttlicher Offenbarung sind, Alles was Anerkennung verdienen soll sich aus den vorhandenen Offenbarungsurkunden ableiten muß: so haben diese Vorträge dies mit einander gemein, daß sie theils von Schriftworten als ihrer Grundlage ausgehen, theils in Schriftworte als ihre Begründung auslaufen. Ein Beispiel möge dies erläutern. Anknüpfend an die Worte: „Er hat mich angezogen mit Kleidern des Heils" aus eben jenem C. 61 des Buches Jesaia, aus welchem Jesus in der Synagoge von Nazareth seinen Text entnahm, lautet ein altes Vortragsstück[117]: Sieben Gewänder sind es, die der Heilige, gebenedeit sei Er, angezogen hat und anziehen wird seit die Welt geschaffen worden bis auf die Stunde, wo er abstrafen wird das gottlose Edom (verblümte Bezeichnung des römischen Weltreichs). Als er die Welt schuf, kleidete er sich in Glorie und Pracht, denn es heißt (Pf. 104, 1): In Glorie und Pracht hast du dich gekleidet. Als er sich a_ Schilfmeer offenbarte, kleidete er sich in Hoheit, denn _ _ (Pf. 93, 1): Der HErr ist König, in Hoheit hat _ gekleidet. Als er das Gesetz gab, kleidete er sich _, denn es heißt (Pf. 93, 1): Bekleidet hat sich _ mit Macht gegürtet. So oft er Israels Sün-

den vergab, kleidete er sich in Weiß, denn es heißt (Dan.
7, 9): Sein Gewand war gleich weißem Schnee. Straft
er die Weltvölker ab, so zieht er das Rache=Gewand an,
denn es heißt (Jes. 59, 17): Er zog Kleider der Rache an
als Waffenrock und hüllte sich in Eifer wie in einen
Mantel. Das sechste Gewand wird er anlegen zur Stunde
wenn der Messias geoffenbart werden wird; da wird er
sich kleiden in Gerechtigkeit, denn es heißt (Jes. 57, 17):
Und er thut wie einen Panzer Gerechtigkeit an und den
Helm des Heils auf sein Haupt. Das siebente Gewand
wird er anlegen, wenn er Edom abstrafen wird, da wird
er sich in Adom d. i. Roth kleiden, denn es heißt (Jes.
63, 2): Woher das Roth an deinem Gewande? Das Ge=
wand aber, welches er dem Messias anlegen wird, das
wird weithin strahlen von einem Ende der Welt bis zum
andern, denn es heißt (Jes. 61, 10): Wie ein Bräutigam
der priesterlich den Turban trägt. Und die Israeliten
werden genießen seines Lichtes und sprechen: Selig die
Stunde wo der Messias ins Dasein getreten, selig der
Leib aus dem er hervorgegangen[118], selig die Zeitgenossen
welche Augenzeugen, selig das Auge, welches gewürdigt
wird ihn zu sehen[119]! Denn seiner Lippen Aufthun ist
Segen und Friede[120], seine Rede Geistesberuhigung[121],
seines Herzens Sinnen Vertrauen und getroster Muth,
seiner Zunge Sprechen Verzeihung und Vergebung, sein

er darf sich nicht lang hindehnen, um die Hörer nicht zu
überladen, sondern ihnen Zeit zum Nachdenken zu ver=
gönnen. Und da bei Lehrern, die nicht selber Organe
göttlicher Offenbarung sind, Alles was Anerkennung ver=
dienen soll sich aus den vorhandenen Offenbarungsur=
kunden ableiten muß: so haben diese Vorträge dies mit
einander gemein, daß sie theils von Schriftworten als
ihrer Grundlage ausgehen, theils in Schriftworte als ihre
Begründung auslaufen. Ein Beispiel möge dies erläu=
tern. Anknüpfend an die Worte: „Er hat mich ange=
zogen mit Kleidern des Heils" aus eben jenem C. 61 des
Buches Jesaia, aus welchem Jesus in der Synagoge von
Nazareth seinen Text entnahm, lautet ein altes Vortrags=
stück[117]: Sieben Gewänder sind es, die der Heilige, ge=
benedeit sei Er, angezogen hat und anziehen wird seit die
Welt geschaffen worden bis auf die Stunde, wo er ab=
strafen wird das gottlose Edom (verblümte Bezeichnung
des römischen Weltreichs). Als er die Welt schuf, kleidete
er sich in Glorie und Pracht, denn es heißt (Pf. 104, 1):
In Glorie und Pracht hast du dich gekleidet. Als er sich
am Schilfmeer offenbarte, kleidete er sich in Hoheit, denn
es heißt (Pf. 93, 1): Der HErr ist König, in Hoheit hat
er sich gekleidet. Als er das Gesetz gab, kleidete er sich
in Macht, denn es heißt (Pf. 93, 1): Bekleidet hat sich
der HErr, mit Macht gegürtet. So oft er Israels Sün=

den vergab, kleidete er sich in Weiß, denn es heißt (Dan.
7, 9): Sein Gewand war gleich weißem Schnee. Straft
er die Weltvölker ab, so zieht er das Rache=Gewand an,
denn es heißt (Jes. 59, 17): Er zog Kleider der Rache an
als Waffenrock und hüllte sich in Eifer wie in einen
Mantel. Das sechste Gewand wird er anlegen zur Stunde
wenn der Messias geoffenbart werden wird; da wird er
sich kleiden in Gerechtigkeit, denn es heißt (Jes. 57, 17):
Und er thut wie einen Panzer Gerechtigkeit an und den
Helm des Heils auf sein Haupt. Das siebente Gewand
wird er anlegen, wenn er Edom abstrafen wird, da wird
er sich in Adom d. i. Roth kleiden, denn es heißt (Jes.
63, 2): Woher das Roth an deinem Gewande? Das Ge=
wand aber, welches er dem Messias anlegen wird, das
wird weithin strahlen von einem Ende der Welt bis zum
andern, denn es heißt (Jes. 61, 10): Wie ein Bräutigam
der priesterlich den Turban trägt. Und die Israeliten
werden genießen seines Lichtes und sprechen: Selig die
Stunde wo der Messias ins Dasein getreten, selig der
Leib aus dem er hervorgegangen[118], selig die Zeitgenossen
welche Augenzeugen, selig das Auge, welches gewürdigt
wird ihn zu sehen[119]! Denn seiner Lippen Aufthun ist
Segen und Friede[120], seine Rede Geistesberuhigung[121],
seines Herzens Sinnen Vertrauen und getroster Muth,
seiner Zunge Sprechen Verzeihung und Vergebung, sein

er darf sie zeit und unbedenken, um die hörer mit zu
beschäftigen, sondern einen Zeit zum Plaudenten u ver-
...en. Die zu der Ostern, die man über Ingne
...icher Stimmung sind. Alles das Anerkennung ver-
...en ...ll im ... der ...randenen Stimmungen
...inden ...eren muß, so haben diese Vorträge des ...
...rer Grundlage inseinen, denn u Schriftworte als ihre
Begründung inseinen. ... Beispiel möge des erläutern. ...rarierte in die Worte: „Er hat mich ange-
jogen mit Kleidern des Heils" aus den einem C. 61 des
Buches Jesaia, aus welcher Jesus in der Synagoge von
Nazareth seinen ... anknüpft ... ... alten Vertrage-
be...edeit sie Er, ...gleichen ... und ...jeben wird seit die
Welt geschaffen ... aus ... die Sünde, wo er ...-
strafen wird das ...
des römischen ...
er sich in ...

...F. 104, ...

Als

... ... Weiß, denn es heißt: Dan ... ... weißem Schnee. Ernst ... ... das Rache-Gewand an, ... zog Kleider der Rache an ... ... in Eifer ... in einer ... ... Stand ... ... Weißen ... ... und. Da wird er ... ... Jes. 57, 17: ... ... an und Da ... ... Das Gewand ... ... und. Da wird ... ... Denn er heißt Jer. ... Gewande? Das ... ... anlegen wird. Das
wand ... ... Ende der Welt bis zum
wird weiter ... ... Wie ein Bräutigam
andern, denn ... ... Und die Israeliten
der priesterlich ... ... und sprechen: Selig die
... genießen ... ... Dasein getreten, selig der
... der Messias ... ... , selig die Zeitgenossen
... er hervorgegangen ... ... , selig das Auge, welches gewürdigt
... selig das Auge, welches gewürdigt [119]. Denn seiner Lippen Anmuth ist
[120] ... seine Rede Geistesberuhigung ...
... Vertrauen und getröstet ...
... Verzeihung und Vergebung ...

one
... schne
... Nähe
... — so

Gebet Opferwohlduft, sein Flehen Heiligkeit und Rein=
heit — o wie selig ist Israel dem solches aufbehalten, denn
es heißt (Pf. 31, 20): Wie groß ist deine Güte welche
du aufgespart denen die dich fürchten.

Diese Schilderung des Messias ist wie ein Spiegel=
bild der Erscheinung Jesu, wie ein Nachhall der Evange=
lien — als die Jünger auf dem Verklärungsberge ein
Vorspiel seiner künftigen Herrlichkeit erlebten, fehlte auch
nicht das blitzende weiße Licht seiner Gewandung[122]. Da=
mals aber, als er auf dem Stein unter der Palme saß,
war seine Kleidung zwar rein und gewählt, aber nicht
vornehm und nach keiner Seite hin auffallend. Auf dem
Kopfe trug er, wie wir ihn schon einmal zwischen Kana
Galiläa's und Kefar Kenna gesehen haben[123], ein weißes
Sudar, unter dem Kinn mit einer Schnur befestigt und
hinten auf die Schultern herabhangend, und über der
den Körper bis zu den Füßen und Händen deckenden Tunica
einen blauen Tallith mit den vorgeschriebenen blauweißen
Schaufädenquasten an den vier Enden, so übergeworfen
und zusammengehalten, daß das graue rothgestreifte Unter=
gewand nur wenig bemerklich ward und nur dann und
wann die nicht mit Schuhen, sondern mit Sandalen ver=
sehenen Füße zum Vorschein kamen. Als er sich nieder=
gelassen hatte und seine Blicke über die Versammlung da=
hinschweifen ließ, ward es in dieser immer stiller und

stiller, bis man nichts weiter als die sanft an das Ufer
anschlagenden Meereswogen vernahm. Und als er mit
Benê Jisraël Ansche ha-Galîl seine Rede anhob, da
sprach er nicht mit „großer" d. i. angestrengter lauter
Stimme, was überhaupt nur zweimal von ihm berichtet
wird: als er in die Gruft des Lazarus hineinrief und als
er den Klageruf am Kreuze ausstieß[124]. Er war auch
hierin die Verwirklichung der Idee des Gottesknechtes,
von welchem Jesaia weissagt: „Er wird nicht schreien und
nicht erheben und nicht hören lassen auf der Straße seine
Stimme" d. i. nicht marktschreierisch sich Anerkennung
und Anhang zu verschaffen suchen[125]. Seine Stimme
war rein, durchdringend, maßvoll, melodisch; sie klang
wie Silberglockenton von einem Ende der Versammlung
bis zum andern, es war unmöglich davon nicht gefesselt
zu werden. Die ganze Macht seiner Seele lag in seinen
Worten und die Saiten jeder Menschenseele geriethen da=
durch in Schwingung, und wer ohne Gegenwirkung sich
hingab, mußte sagen: Mein Innerstes rauschte wie eine
Cither[126]. —

Er saß auf dem Stein unter der Palme. Ihm zur
Rechten und Linken standen Simon und Andreas, die Söhne
Johana's[127], und Jakobus und Johannes, die Söhne
Zabbai's[128]. Das Volk lagerte bis dicht in die Nähe
seiner Füße. Söhne Israels, Männer Galiläa's — so

begann er — die Zeit ist erfüllet und das Reich Gottes
ist herbeigekommen; thuet Buße und glaubet an das
Evangelium[129]! Mose euer Lehrer, Friede über ihn, hat
gesagt: Einen Propheten wie mich wird der HErr euer
Gott euch erwecken aus euern Brüdern; dem sollt ihr ge=
horchen — wer aber auf diesen Propheten nicht hört, der
wird sterben[130]. Amen ich sage euch: wer an mich glau=
bet, der hat das ewige Leben[131]. Niemand erkennt den
Vater denn nur der Sohn, und Niemand den Sohn als
nur der Vater, und wem etwa der Sohn es offenbaret[132].
Dann fuhr er mit gehobener Stimme[133] fort: Kommet
her zu mir Alle die ihr mühselig und beladen seid, ich
will euch erquicken. Nehmet auf euch mein Joch und
lernet von mir, denn ich bin sanftmüthig und von Herzen
demüthig, so werdet ihr Ruhe finden für eure Seelen;
denn mein Joch ist sanft und meine Last ist leicht. Und
zum Schlusse lenkend sprach er: Nehmet auf euch das Joch
des Himmelreichs, denn das Himmelreich ist die Erfüllung
des Gesetzes und der Propheten. Gebt das weniger Werth=
volle hin, damit ihr das Allerwerthvollste gewinnet. Wer=
bet kundige Wechsler[134], welche heilige Münze höher
achten als gemeine und höher als Alles die Eine köstliche
Perle. Wer Ohren hat zu hören der höre! — Man muß
solcherlei Vorträge mit der Persönlichkeit des Sprechers
zusammendenken, um das Gewicht ihres Eindrucks zu be=

meſſen. Sie gruben ſich in die Herzen der Hörer wie
Spieße und Nägel[135], und nicht wenige der Ausſprüche
Jeſu finden ſich, durch Judenchriſten in Umlauf gebracht,
als herrenloſes oder mit fremdem Namen bezeichnetes Gut
in den Talmuden und Midraſchim wieder. Manche Aus=
drucksweiſen Jeſu aber ſind da ohne Gleichklang und Nach=
klang. Der zum Nachdenken aufrufende Redeſchluß:„ Wer
Ohren hat zu hören, der höre[136]“ iſt ihm ureigenthümlich.
Und der betheurende Redeanfang: Amen (Wahrlich) ich
ſage euch, welcher in der Landesſprache amen amêna
lechôn lautete[137], iſt in der geſammten jüdiſchen Literatur
unerhört. Dieſes der Rede vorausgeſchickte Amen iſt ein
Jdiotismus Jeſu, ſo charakteriſtiſch, daß er nicht ohne Be=
zug darauf in der Apokalypſe 3, 14 „der Amen, der
treue und wahrhaftige Zeuge“ genannt wird.

Unterdeß war längſt der letzte Abendrothſtreifen am
Himmel verblichen. Der Vollmond war über die jen=
ſeitigen Berge ſchon ſo weit heraufgeſtiegen, daß er ſich in
der ganzen Fülle ſeiner goldenen Pracht im See ſpiegelte,
und dieſſeits lächelte, wie aus dem Abendroth geboren, der
Abendſtern hernieder, und erfriſchende Luftwellen ſetzten
die Blattſtiele der Palme mit ihren Fiederblättern in ſanfte
Bewegung. Der Spätabend war nahe daran, der erſten
Nachtwache zu weichen. Jeſus ſtand auf und während er
ſonſt zuweilen auch ſich dem Volke plötzlich zu entziehen

pflegte[138], entließ er es[139] diesmal mit Worten der Er-
mahnung und mit dem Gruße des Friedens. Als er
segnend die Hände aufhob[140], fiel sein Blick auf seine
Mutter. Nach beendeten Abschiedsworten bog er links ab,
flüsterte Johannes und Jakobus zu: „Nehmt euch meiner
Mutter an" und verschwand in südlicher Richtung, indem
er sich aufwärts wandte und durch Gestein und Gebüsch
hindurch auf eine Höhe der hier sanft nach dem Ufer hin
abfallenden Hügelreihe hinaufstieg. Er liebte die Berg-
einsamkeit und gar viele Berggipfel Galiläa's und Peräa's
waren von ihm, indem er sich um zu beten dorthin zurück-
zog, zum Bethel (Gotteshause) geweiht worden. Erst
als er oben angelangt war und das Weltgetümmel unter
seinen Füßen lag, hatte er heute das volle Gefühl der
Ruhe nach vollbrachtem Tagewerk. Ohne gegen die
Außenwelt verschlossen zu sein, war er ganz und gar Gebet und feierte innerlichen Sabbat. Sein Blick schweifte
über Land und See und umkreiste Alles mit seiner Liebe
und ruhte auf·den Ortschaften ringsum mit dem Gruße
des Friedens. Er fühlte sich als Centrum des weiten
Erdenrunds und sendete die Wellenschläge seines Mitge-
fühls nach allen Seiten. Er breitete seine Arme aus,
drückte die Welt an sein Herz, fiel mit ihr nieder vor
Gott und hob sie wie durch sein Herzblut hindurch als ein
Hebopfer zu Gott empor. Bald berührte er mit seiner

Stirn die Erde und sein Haupthaar legte sich auf sie wie
ein deckender Schleier; bald hob er sich mühsam, als ob
er die ganze Erde nach sich zöge, empor und streckte sich
höher und höher, wie über seine natürliche Körpergröße
hinauswachsend, gen Himmel. Er sprach und schwieg und
sprach. Sein Gebet war Wechselgespräch mit Gott. Seine
Sprache war dumpf und mehr lispelnd als tönend. Zu=
letzt aber wurde sie siegesruf= und jubelartig laut, so daß
die Bergwände davon widerhallten. Die Natur ringsum,
bisher in starres Schweigen versunken, wurde so lebendig,
als ob mitten in der Nacht der Morgen anbräche. Die
Cicaden überboten sich, die Vögel wetteiferten, die Baum=
wipfel nickten und rauschten, der Bach begann wie nach
überwundener Hemmung lustiger zu plätschern und die
Wellen des Genesar überstürzten sich in ihrem Drängen
nach dem westlichen Ufer und schlugen in donnernder
Brandung gegen den Molo von Capernaum und Tiberias.
Der geheimnißvolle Beter aber lag wie von Wonneschauer
überwältigt auf seinem Angesicht und schritt, als er auf=
gestanden war, beflügelten Schrittes nach der in tiefem
Schlafe liegenden Stadt zurück, zu dem Hause auf der
Anhöhe hinauf, wo die Schwieger Petri dem Klopfenden
die Thür öffnete. Wieder so spät, o Herr! rief sie, in=
dem sie ihm in die Augen sah und von da seinen stummen
Gegengruß empfieng. Sie leuchtete ihm in seine Kammer,

wo er sich in seinen Kleidern auf das Lager hinstreckte
und sofort in stillen tiefen Schlaf entsank. Seine Ge=
danken gingen unter im Anschaun des Rathschlusses
Gottes — er ruhte in Gottes Liebe und Gottes Friede
umfieng ihn.

Belege und Erläuterungen.

I. Zu dem Abschnitt: Der Schauplatz.

----

[1] Fraas, Aus dem Orient S. 71.

[2] In lacum se fundit, sagt Plinius hist. nat. V, 15 vom Jordan, quem plures Genesaram vocant und vorher: Velut invitus Asphaltiten lacum dirum natura petit, a quo postremo ebibitur, vgl. Bechoroth 55[a].

[3] Robinson, Palästina 3, 512 f. W. F. Lynch, Bericht über die Expedition nach dem Jordan und dem todten Meer (deutsche Ausg. 1854) S. 102 mit Abbildung.

[4] Strabo XVI, 2, 45.

[5] Josephus, Jüd. Krieg III, 10.

[6] s. Reland, Palaestina p. 301 s.

[7] Deshalb hat es in der Sprache der Masora den emblematischen Namen מידים „Gottes-Hort".

[8] לכשת הגזית.

[9] Der Spiegel des Tiberias-See's liegt nach Lynch' Messung 612 Parif. Fuß, der des todten Meeres 1235 Parif. Fuß unter dem mittelländischen Meer.

[10] Sota IX, 15. Sanhedrin 97[a]. 98[a].

[11] s. die Talmudstellen in Parchi's Kaftor wa-pherach c. 9.

[12] Bathra 74[b]. jer. Kethuboth XII Halacha 3 gegen Ende, vgl. Otho, Lex. Rabbinico-Philol. unter Gennasareticum mare.

[13] Megilla 6ᵃ. vgl. das hebräische Loblied auf Tiberias bei Frankl, Nach Jerusalem 2, 369.

[14] Hottinger, Cippi Hebraici (1662) p. 52 — 58 vgl. Voyages d'Ibn Batoutah I p. 133.

[15] תחום טבריא וחמתם Scheblith IX, 2.

[16] Josephus, Krieg I, 16, 2—4.

[17] s. Rapoport, Erech Millin unter ארבל.

[18] Aboth I, 7. vgl. Grätz, Gesch. der Juden 3, 107.

[19] jer. Berachoth I Haggaba 3.

[20] בקעת גנוסר.

[21] Midrasch Ruth 48 Col. 2 zu לירי 3, 13.

[22] Deut. 22, 6 f.

[23] Midrasch Ruth a. a. O. und anderwärts, vgl. jer. Sota I Halacha 4, wo R. Meïr in der Synagoge von חמתא (Ἀμμαοῦς Josephus bell. IV, 1, 3, bei Lamartine „Bethmaus") d. i. der Bade=Vorstadt von Tiberias vorträgt.

[24] jer. Kilajim IX Halacha 4 und ebenso Kethuboth XII Halacha 3.

[25] Tischendorf, Reise in den Orient 2, 217.

[26] ברוך הנמצא בחורי קדש.

[27] לראות בנחמת ירושלים.

[28] סוד גדול.

[29] בארה של מרים.

[30] Man zeigte Frankl (Nach Jerusalem 2, 355) einen großen rohen Felsblock zwischen Tiberias und den Bädern, der etwa zehn Schritte vom Ufer im See lag, als den Stein, den Mose mit dem Stabe geschlagen.

[31] jer. Kilajim IX Halacha 4. Kethuboth XII Halacha 3.

[32] Schwarz, Tebuoth ha-arez (Jerusalem 5605. 8) 93ᵇ. vgl. Desselben Heiliges Land (1852) S. 134.

[33] Schabbath 35ᵃ. vgl. Schöttgen, Horae zu 1 Cor. 10, 4.

[34] Num. 20, 1 f. und dazu Raschi, vgl. Pf. 78, 15 f. u. a. St.

[35] f. die Targumim, bef. das Jonathan-Targum zu d. St.

[36] Der babylonische Talmud nennt statt des חר דושרימן ungeschickter Weise den Carmel.

[37] f. z. B. Mezia 86ᵇ. Taanith 9ᵃ., der Midrasch-Stellen zu geschweigen.

[38] Tanchuma Anfang der Parasche חקת (222ᵃ der Wiener Ausgabe vom J. 1863): מדמה לו באר של מרים.

[39] Robinson, Paläftina 3, 598.

[40] Jalkut chadasch 142ᵈ Nr. 43 vgl. meinen Comm. zu Jefaia (Ausg. 2) S. 157 Anm. 1.

[41] 1 Cor. 10, 1—4.

[42] Jef. 28, 16.

[43] Die Bezeichnung des Khans mit minîje, eigentlich minje (welche bei der weichen faft vocalischen Ausspracke des j wie minⁱje lautet) ift echtarabisch und als Ortsbezeichnung (befonders in Aegypten) häufig: das Wort bedeutet den Aufenthalt, die Bleibftätte, den Weiler.

[44] f. Caphtor wa-Pherach c. 7 (p. כב der Berliner Ausg. vom J. 1852) und die Erörterung in der hier folgenden Note.

[45] Naftali bekam nach den Targg. zu Dt. 33, 23 den Merom-See (Σαμοχωνῖτις λίμνη) und die Westküfte des Genefar-See's (welcher in feiner ganzen Ausdehnung diefen Namen führt); רום heißt nach Kamma 81ᵇ ein Stück Land füdlich vom See, welches Naftali als einen Stapelplatz für fein Fifchergewerbe noch dazu erhielt (vgl. Caphtor wa-pherach von Parchi c. 7). Sein Gebiet ftieß weftwärts an Afer und füdwärts an

10

Sebulun (Jof. 19, 34); das Nordwestende des See's war die
Ecke, bei welcher die Grenzen der zwei Stämme zusammenliefen.
Wenn Capernaum in dem Genesar-Thale gelegen hätte, so war
es durch das Gebirg, welches diese Thalebene einschließt, vom
Stammgebiete Sebuluns (mit Nazaret, Kana u. f. w.) geschie-
den; die Bezeichnung der Lage mit ἐν ὁρίοις Ζαβουλὼν καὶ
Νεφθαλείμ Mt. 4, 13 (d. h. wie Bachiene richtig erklärt: da
wo die Grenzen beider Stämme an einander stoßen) paßt ungleich besser für Tell Hum, bis wohin sich das eigentliche
Stammgebiet Naftali's herabstreckt, um von da sich in dem
noch dazu geschlagenen Küstenstreifen fortzusetzen (Jof. 19, 35),
und wo sich die in südwestlichem Bogen nach dem Norden des
Genesar-See's hinstreckende Nordgrenze Sebuluns mit dem
Südende des eigentlichen Stammgebietes Naftali's berührt (f.
die Karte zu Hoffmann, Blicke in die früheste Gesch. des gelob-
ten Landes 1870). Auf der Grenze dieser zwei Stämme gelegen lag Capernaum zugleich nahe der durch Kefar Chananja,
ohne Zweifel das jetzige Kefr 'Anan, hindurchgehenden Linie
(f. Scheblith IX, 2 und dazu die jeruf. Gemara), welche
Obergaliläa und Niedergaliläa schied (vgl. Robinson, Neuere
Biblische Forschungen S. 101), in welchem letzteren südwestlich
von Kefr 'Anan 'Gefât, das alte Jotapata, liegt; Grätz (Gesch.
3, 394) ist übel unterrichtet, wenn er sich wundert, daß Josephus Jotapata eine niedergaliläische Stadt nennt. Die ältesten
Topographen, Eusebius und Hieronymus, unterscheiden im
Onomastikon ein naphtalitisches Galiläa = Galiläa der Heiden,
welches sich parallel dem Gebiete von Tyrus erstreckt, und ein
sebulunitisches Galiläa = Umgebung von Tiberias und dem
Tiberias-See. Die letztere Angabe, welche später der Sohar
erneuert, ist ungenau; indes ist das Land über dem das Ge-

lände des Tiberias=See's begrenzenden Berggürtel allerdings sebulunitisches. Wenn nun das Onomastikon unter *Καφαρναούμ* sagt: usque hodie oppidum in Galilaea gentium situm in finibus Zabulon et Nephtalim, so verlegt es dasselbe offenbar dahin wo Tell Hûm liegt, und Robinson hat diese ältesten Topographen gegen sich. Auch lesen wir ja nirgends, daß Capernaum im Genesar=Thale, der von Josephus bell. III, 10, 8 beschriebenen *γῆ Γεννησάρ*, gelegen; über die von Josephus *Καφαρναούμ* genannte dortige Quelle werden wir später sprechen. In dem Genesar=Gebiet (גינוסר תחום Bathra 122ᵃ) lag es auch, wenn es am See und nicht im Genesar=Thale lag, und *γῆ Γεννησαρέτ* Mt. 14, 34 vgl. Joh. 6, 17. 21 ist nicht nothwendig das Genesar=Thal, es kann auch im Gegensatz zu der Ostküste die ganze Westküste bezeichnen.

⁴⁶ Midrasch Koheleth zu 3, 2: אנשר ציך תאבה.

⁴⁷ Wajikra rabba c. 25. Midrasch Koheleth zu 2, 20 vgl. Fürstenthals Rabbinische Anthologie Nr. 429. Aehnlich ist Pfeffels poetische Erzählung „Der Knabe und die Datteln".

⁴⁸ Jes. 9, 1 vgl. Mt. 4, 13—16.

⁴⁹ So schreiben Robinson u. A., das Richtige ist aber Tabika von tabaka bedecken. So heißt ein Quell, der mit seiner Wassermasse eine große Fläche bedeckt.

⁵⁰ Midrasch Koheleth zu 1, 8. Die andere Geschichte, welche den Christen Gemeinschaft der Weiber schuldgibt, ist nicht mittheilbar.

⁵¹ Die älteste Namensform ist *Καφαρναούμ* Capharnaum = כפר נחום (Kᵉphar für Kᵉphar); sie findet sich in den ältesten griechischen wie lateinischen Zeugen (Sinaiticus und Vaticanus aus dem 4. Jahrh.; Itala und Vulgata d. i. der lateinischen Uebersetzung vor Hieronymus und des Hieronymus

† 419/20), woneben sich auch *Καφερναούμ* Capharnaum findet, woraus dann *Καπερναούμ* Capernaum geworden ist, schon vertreten durch die Handschriften A und C (Alexandrinus und Codex Ephraemi) aus dem 5. Jahrh. und außer vielen Uncialen durch alle Minuskeln, ausgenommen Nr. 33. Luther, indem er „Capernaum" bevorzugte, ließ sich durch den griechischen Text der Ausgabe des Erasmus bestimmen, aus welcher er übersetzte. Wir haben diese zwar nicht ursprüngliche, aber alte und bei uns eingebürgerte Namensform der Gemeinverständlichkeit halber beibehalten.

II. Zu dem Abschnitt: Der Morgen.

[1] s. Schleusner unter *σουδάριον* und Buxtorf unter מטפחא. Gewöhnlich wird der Herr baarhaupt dargestellt, aber baarhaupt (בגילוי ראש) zu gehen galt nicht blos für schädlich, sondern für unanständig, s. das talmudische Reallexikon Pachad Jizchak Artikel גילוי ראש.

[2] Tallith טלית heißt jetzt das Gebet=Tuch, mit welchem beim Beten das Haupt verhüllt wird, aber in seiner ursprünglichen Bedeutung ist es das Obergewand. Das Hemd (חלוק) des Lehrers soll nach Bathra 57ᵇ das Fleisch gänzlich bedecken und unter dem Obergewand (טלית) nur in Betrag einer Handbreite sichtbar werden. Dieser Tallith mit dem hemdartigen Leibrock darunter bildete den Busen, in welchen Johannes sein Haupt bergen durfte Joh. 13, 23.

³ Pundiken klingt mit Boutiquen zusammen, aber boutique ist aus ἀποϑήκη und פונדק (Wirthshaus) aus πανδοχεῖον entstanden.

⁴ Nach W. F. Lynch' Bericht S. 94 f.

⁵ מכבר oder מַכְבַר der Targume, womit diese den moabitisch-gabitischen Stadtnamen יְעָזֵר übersetzen, von Seetzen 1807 wieder entdeckt in den Ruinen Mkaur im Attarus-Gebirg an der Südseite des Zerka-Main, s. Aug. Parent, Machærous, Paris 1868 (aus eigner Anschauung).

⁶ Ritter, Erdkunde XV, 1, 271.

⁷ אלו אנשי כפר נחום Midrasch Koheleth 114ᵇ.

⁸ רביעית יין האיטלקי, s. Herzfeld, Metrologische Untersuchungen (1865) S. 58.

III. Zu dem Abschnitt: Der Mittag.

---

¹ Ritter, Erdkunde XV, 1, 307. Lynch, Bericht S. 97. Petrus meint mit Karpfen den Fisch, welcher בינירא (arab. bunni, bei Forskal cyprinus Bynni) heißt und der beliebteste Nilfisch ist, mit Schollen die ספירא ψῆττα, jetzt von der Aehnlichkeit mit einem Kamme muscht — letzterer Fisch, dem Israeliten verboten, kam für die Heiden auf den Markt.

² Das Sprichwort lautet: אליה וקוץ בה (ein Fettschwanz, näml. der ovis laticaudata, und ein Dorn darin).

³ Pf. 119, 91.

4 חוטי כרכום Menachoth 88a.

5 Joh. 2, 12.

6 Das Jahr, in welchem Herodes Antipas Tiberias er=
baute und nach dem Kaiser Tiberius benannte, wird verschieden
angegeben, es ist eins der Jahre Roms 775—780 (s. den Auf=
satz über tiberiensische Münzen in der Wiener Numismatischen
Zeitschrift Bd. 1. 1870), und da dem 1. J. unserer Zeitrech=
nung das Jahr Roms 753 entspricht, bestand die Stadt als
Jesus sein Lehramt antrat schon seit einigen Jahren.

7 Margoliouth in seinem Pilgrimage to the Land of
my Fathers 2, 270 rühmt die Flora des Weges: „die gelben
Ringelblumen, den scharlachenen Feldmohn, die prächtigen Adonis,
die strohfarbenen Scabiosen, die dicht beisammenstehenden schlan=
ken Rosenpappeln und die vielfarbigen Blüthen des Linum,
der Erbsen und Wicken in dem Farbenbunt dieses Naturteppichs."

8 Lewysohn, Zoologie des Talmuds S. 256.

9 Josephus, Krieg III, 10, 8.

10 Menachem (Tröster) ist nach jer. Berachoth 5a
b. Sanhedrin 98b u. a. St. einer der Namen des Messias.

11 nezer Jes. 11, 1 vgl. Mt. 2, 23.

12 Mt. 13, 55 f. vgl. Joh. 7, 5.

13 Jes. 33, 17.

14 Ps. 40, 8 f.

15 מבטלת רצונך מפני רצון בוראה (Pirke Aboth II, 4).

16 Nazareth heißt arabisch medinet abjadh und das ist
die Uebersetzung der hebräischen Benennung עיר לבן בדר (s.
Schwarz, Das h. Land S. 141) oder vielleicht auch בית לבן בדר
Menachoth VIII, 6.

17 Lc. 4, 29.

18 So heißt Maria in den Talmuden, vgl. Lc. 3, 23.

[19] Diesen Schimpfnamen מיתר gibt ihm lügnerischer Haß, dessen Bodensatz das Pamphlet תולדות ישו ist.

[20] Es sind die späteren Verfasser der ihren Namen tragenden neutestamentlichen Briefe.

[21] Jes. 9, 1.

IV. Zu dem Abschnitt: Die Mincha.

[1] s. die Abbildung des Trümmerfeldes nach einer Photographie bei Dixon, Das h. Land (deutsch von Martin 1870) S. 315. Großartige Photographien des Genesaret-See's und seiner Umgebungen, namentlich des Trümmerfeldes von Tell Hum, gibt es vom Captain Wilson. Hermann Dalton in seinen eigenthümlich schönen Reisebildern aus dem Orient (Petersburg 1871) sah sie im Hause des Missionars Zeller in Nazaret. Auch Dalton ist mit Thomson (The Land and the Book), Wilson und Zeller überzeugt, daß Tell Hum das in Trümmern liegende Capernaum ist. „In üppigem Schaffen — sagt er S. 91 von der Trümmerstätte — arbeitet hier die wilde Pflanzenwelt, sich um diese Steine wie zum Schutze zu ranken. Nirgend ist der Dorn- und Distelstrauch so geschäftig wie hier. Mächtige Oleanderbüsche stehen in prangender Schönheit an dem einsamen, trauten Orte. Ein Missionar der dortigen Gegend schildert diese Riesenbüsche zwanzig Fuß hoch und hundert Fuß im Umkreis, das Ganze in der Blüthe wie eine

einzige rofenrothe Blume anzuſchauen, eine Blumenpyramide von wunderbarer Lieblichkeit.‘‘

² Lc. 7, 5. Der Ausdruck bedeutet nicht nothwendig Er= bauung, er läßt ſich auch von Ausbau und Ausſchmückung (Renovation) verſtehen.

³ Mt. 16, 14.

⁴ אותו האיש. So nannten und nennen ihn die ſeinen Namen nicht in den Mund nehmen mögen.

⁵ גבאי.

⁶ פרנס.

⁷ דלטורין (Angeber), ein in die damalige Landesſprache übergegangenes Wort.

⁸ במלך בחמין, eine ſprichwörtliche Redensart.

⁹ מריח דאברהם, ein üblicher Ausruf der Verwunderung z. B. Schabbath 22ᵃ.

¹⁰ Spr. 6, 27.

¹¹ עם הארץ.

¹² Koh. 5, 7.

¹³ Dt. 13, 7—12, auf Jeſus bezogen Schir haschirim rabba zu 2, 13.

¹⁴ Lightfoot zu Mt. 28, 9.

¹⁵ Jeſ. 33, 17.

¹⁶ Spr. 3, 25.

¹⁷ עירא בישא.

¹⁸ Mr. 1, 24.

¹⁹ Mr. 1, 22 u. Parall.

²⁰ מטבע שמשא.

V. Zu dem Abschnitt: Der Abend.

———

¹ Ebendiesen Namen Tell Hûm (ober Chûm mit unpunk-
tirtem arabischem Hha) führt in dem arabischen geographischen
Lexikon Jâkût eine Festung zwischen Syrien und Cilicien, so
wie den Namen כפר מיום bei Benjamin von Tudela ein Ort
zwischen Chêfa und Cäsarea, welcher, von weitem gesehen, den
Carmel zu überragen scheint.

² s. Frankel, Introductio in Talmud Hierosolymita-
num 80ᵇ.

³ Vom Verbum talla etwas auf den Boden hinwerfen.

⁴ Robinson, Neuere Biblische Forschungen S. 467.

⁵ Ebend. S. 455 f.

⁶ Josephus, Leben c. 45.

⁷ Jüd. Krieg III, 3, 1—3.

⁸ jer. Schebîîth IX Halacha 2.

⁹ Robinson, Palästina 3, 798.

¹⁰ Menachoth 85ᵃ.

¹¹ בית צידה mit צידון.

¹² Onomasticon unter Χοραζείν (p. 374 ed. Larsow
et Parthey).

¹³ Willibald um 750 fand sowohl in Chorazin als in
Bethsaida eine Kirche, s. Robinson, Neuere Biblische Forschun-

gen S. 467. Dies schließt aber den Untergang der ursprüng=
lich so genannten Orte nicht aus.

[14] Job 6, 15.

[15] Hohesl. 6, 3.

[16] Pf. 22, 7.

[17] Pf. 27, 5.

[18] Jef. 8, 23.

[19] Ebend. 9, 1.

[20] Robinson, Palästina 3, 500.

[21] 1 K. 15, 20 vgl. Bereschith rabba c. 98: כל חוך
כנרת נקרא ים של טבריא, wo für die Bestimmung der Lage
Capernaums dieses כב zu beachten.

[22] Megilla 6a.

[23] Pesachim 8b.

[24] Dt. 3, 17. Jos. 19, 35.

[25] s. jer. Megilla I Halacha 1.

[26] s. die Targg. zu Dt. 3, 17. Jos. 17, 2.

[27] s. Aruch unter גנסר und besonders Bereschith rabba
c. 98 zu Gen. 49, 21, in griechischen Glossaren κῆπος ἀϱχόντων oder weniger genau πατρὶς ἀϱχόντων.

[28] Caphtor wa-pherach c. 11 p. 46 der Berliner
Ausgabe.

[29] jer. Maaseroth I Halacha 2 vgl. Seder ha-doroth
in dem alphabetischen Verzeichniß der alten Lehrer 41d.

[30] Schwarz, Das heilige Land S. 145.

[31] D. i. גִּנֵיסָר (was sonst nirgends vorkommt, vgl. aber
גיניסרין als Plural von גיניסר jer. Megilla I Halacha 1,
und Genesara bei Plinius).

[32] ימה של טבריא z. B. Bechoroth 55a und häufig.

[33] Krieg III, 10, 8.

[34] Sifri ed. Friedmann 147[b]. Targg. zu Dt. 33, 23. Bathra 122[a] vgl. Hieronymus, Onomasticon unter Chennereth.

[35] Kamma 80[b] — 81[a].

[36] Robinson, Paläſtina 3, 511.

[37] Krieg II, 21, 8 vgl. Leben c. 32.

[38] Krieg III, 10, 9.

[39] Leben c. 72.

[40] Mt. 14, 13 vgl. Lc. 9, 10. Mr. 6, 33.

[41] Joh. 6, 16—21 vgl. Mt. 14, 34.

[42] Joh. 6, 22—25.

[43] Jeſ. 8, 23 — 9, 1.

[44] Krieg III, 10, 8. Er gibt der Quelle den Beinamen $\gamma o\nu\iota\mu\omega\tau\acute{\alpha}\tau\eta$, die Lesart $\pi o\tau\iota\mu\omega\tau\acute{\alpha}\tau\eta$ ſubſtituirt ein in dieſem Zuſammenhang unpaſſendes Beiwort.

[45] Zwar finden Raumer, Paläſtina S. 131 vgl. Robinſon, Paläſtina 3, 546 die Beſchreibung des Joſephus zu keiner der Quellen der Geneſareth=Landſchaft recht paſſend, aber ſie haben neben der 'Ain Mubâwara und 'Ain et=Tin die Tabigha=Quelle zu wenig in Betracht gezogen; unſere Anſicht trifft mit der von Dixon, Das heil. Land (deutſch von Martin 1870) S. 313 zuſammen.

[46] Der Quell bei Capernaum, den Schubert 3, 252 erwähnt, iſt der Feigenquell: er verwechſelt Tell Hum, wo er gar nicht geweſen, mit den unanſehnlichen Trümmern in der Nähe dieſes Feigenquells.

[47] Krieg III, 10, 7.

[48] ſ. Neubauer, Géographie du Talmud p. 221.

[49] Sepp kehrt, wie ich ſpäter las, die Sache um: die unbedeutende Trümmerſtätte bei Khan Minje gilt ihm für

Capernaum und die Trümmerstadt Tell Hum, von der er sagt:
„Ihr Anblick setzte mich ordentlich in Verlegenheit" gilt ihm
für Kefar Techumin, das „Grenzdorf" zwischen Unter= und
Obergaliläa. Aber dieser Grenzort ist ja nach Mt. 4, 13 eben
Capernaum.

[50] f. den lateinischen Text in Robinsons Neueren Bibl.
Forschungen S. 466 f.

[51] Ebend. S. 455.

[52] Pococke will diesen kleinen runden Hafen noch erkannt
haben.

[53] Der Midrasch nennt es מגדל דצבעיא Magdala der
Färber.

[54] Vgl. jer. Demai II, 1 מגדל טלימין (andere Lesart
טלירמן). Schwarz, Das h. Land S. 150, fand in Urkunden
(? vgl. Sepp, Jerusalem und das h. Land 2, 166) טלמנתא,
das wäre das Dalmanutha (Δαλμανουθά) des Marcus 8, 10.
Ein Scholion: μάγδαλα γὰρ καὶ δαλμανουθὰ πλησιόχωροι.

[55] Nach einer Mittheilung des Missionars Hefter.

[56] antiki vom lat. anticus mit Bezug auf das Border=
theil des Schiffes, prakmatia πραγματεία, f. Bathra 5, 1.

[57] Vgl. Frankl, Nach Jerusalem 2, 352 und Ritter, Erd=
kunde XV, 1, 308.

[58] Der Oleander heißt jetzt defle = δάφνη (Lorbeer= und
zwar Rosenlorbeer); vielleicht hieß er schon zur Zeit Jesu רתא.

[59] Der Baum, bei Linné Rhamnus Lotus, jetzt Zizyphus
Lotus, heißt arabisch nebk oder nach türkischer Weise ge=
sprochen nebek, vgl. Job S. 489.

[60] Ritter, Erdkunde XV, 1, 307.

[61] Deutsch=morgenländische Zeitschrift III, 348.

[62] f. Lightfoot zu Lc. 3, 23.

⁶³ Nämlich in בקעת גיטטר. Einigermaßen ähnlich der hier geschilderten Scene ist Midrasch Ruth zu ליר 3, 13 von Elisa b. Abuja: פעם אחת ישב ושונה בבקעת גיטטר.

⁶⁴ s. Maseroth III, 7 סכת גיטטר.

⁶⁵ Jalkut Mischle § 550.

⁶⁶ Erubin 53ᵃ·

⁶⁷ Die Jerusalemer nannten ihre Stadt ירושלימה jer. Megilla I Halacha 9.

⁶⁸ Aboda zara 26ᵇ·

⁶⁹ Pesachim 49ᵇ·

⁷⁰ Job 6, 26.

⁷¹ s. Schegg zu Lc. 7, 1—3.

⁷² בני חורין.

⁷³ שעבוד מלכיות Sanhedrin 91ᵇ·

⁷⁴ מלכות רומי הרשעה.

⁷⁵ מיטאר דחריד כפר נחום Midrasch Koheleth 85 col. b.

⁷⁶ Luc. 10, 23.

⁷⁷ Vgl. Lc. 5, 10 mit Joh. 1, 45.

⁷⁸ Man erwäge wie oft ὀψία in den Evangelien vorkommt.

⁷⁹ s. Buxtorf unter אלקטרין: tectum quatuor columnis incumbens, ut aer ubique penetraret et superne umbra esset.

⁸⁰ דין (dieser) ist paläftinisch, s. Luzzatto, Elementi p. 71.

⁸¹ Vgl. Pesachim 10ᵇ·

⁸² Midrasch Koheleth 85 col. b עבדין ליה מיטאר מלח.

⁸³ Joh. 9, 4.

⁸⁴ שליחא דרחמנא.

⁸⁵ Der Talmud verwechselt diese Maria mit der Mutter Jesu und deutet ihren Namen מגדלא שער נשיא die Frauen= haar=Flechterin, s. die Stellen bei Lightfoot zu Mt. 27, 56.

[86] Pethichta Echa rabbathi 71ᵈ.

[87] jer. Taanith c. 4 p. 42 ed. Sitomir.

[88] f. den Nachhall diefer Worte Jefu, die fich auf Micha 1, 7 zurückbeziehen, in der Erzählung von Jacobus Aboda zara 17ᵃ.

[89] Num. 12, 13.

[90] Mt. 9, 22.

[91] Ez. 18, 23.

[92] 2 Cor. 6, 16—18.

[93] מנחם, ein Meffiasname, f. die Stellen bei Schöttgen, De Messia p. 18.

[94] Mt. 4, 25.

[95] Mr. 2, 14 f., wo v. 14 als Grundirung von v. 15 zurückgreifend gemeint fein kann.

[96] שמעון כיפא, vgl. Frankel, Monatsfchrift 1858 S. 468 f.

[97] Mt. 8, 16.

[98] Mr. 3, 10.

[99] Zunz, Gottesdienftliche Borträge S. 339.

[100] Bgl. Lc. 6, 17 mit Mt. 5, 1 und dazu meinen Auffatz: Sehet welch ein Menfch in der Luth. Kirchenzeitung 1869 Col. 289 Anm. 4.

[101] Zunz a. a. O. S. 340.

[102] Ebend. S. 337 f.

[103] Joh. 8, 2.

[104] Joh. 7, 37.

[105] Joh. 6, 3. Mt. 15, 29.

[106] Mt. 13, 1—2. Lc. 5, 1—3 vgl. Mr. 4, 1.

[107] Mr. 9, 35—37.

[108] Mr. 3, 31 f.

[109] Ez. 8, 1 u. ö.

[110] דגל.

[111] f. J. Derenbourg, Histoire et Géographie de la Palestine d'après les Thalmuds etc. I (1867) p. 366.

[112] An das Volk oder, wie nach Mt. 5, 1 f. Lc. 6, 20 zu sagen ist, an den weiteren Jüngerkreis.

[113] Vgl. Mt. 23, 37 f. mit Lc. 19, 41—44.

[114] Lc. 23, 28.

[115] Mt. 8, 10. 10, 6. 23 u. f. w.

[116] Joh. 4, 22.

[117] Pesikta de-Rab Cahana 149ᵃ ed. Buber.

[118] Lc. 11, 27.

[119] Mt. 13, 16 f. parall. Lc. 10, 23 f.

[120] Mt. 5, 2 ff.

[121] „Ruhe für eure Seelen" Mt. 11, 29.

[122] Lc. 9, 29. Mt. 17, 2.

[123] Lutherische Kz. 1869 Col. 291.

[124] φωνῇ μεγάλῃ Joh. 11, 43. Mt. 27, 46.

[125] Jef. 42, 2 vgl. Mt. 12, 19.

[126] Jef. 16, 11.

[127] Ἰωνᾶ des textus receptus Joh. 1, 43 u. ö. = יוֹחָנָא.

[128] Ζεβεδαῖος = זַבְדִּי (וּבְדַאי).

[129] Mr. 1, 15.

[130] Dt. 18, 15—19 mit Bezug auf Clemens' Homilien III, 53.

[131] Joh. 6, 47.

[132] Mt. 11, 27 nach dem Texte bei Justinus Martyr.

[133] Vgl. Mt. 11, 28 ff. mit ἐβόα λέγων Clemens hom. III, 52.

[134] Ein vielbezeugter Ausspruch Jesu, f. Anger, Synopsis p. 204. 274. XXXI.

[135] Koh. 12, 11.

[136] Mt. 11, 15. 13, 9. 43. Mr. 4, 23. 7, 16. Lc. 14, 35.

[137] f. meine Talmudischen Studien in der Luth. Zeitschrift 1856 S. 422—24.

[138] ἀφείς Mt. 13, 36.

[139] ἀπολύσας Mt. 14, 23.

[140] Lc. 24, 50.

Druck von E. Pöschel & Co. in Leipzig.

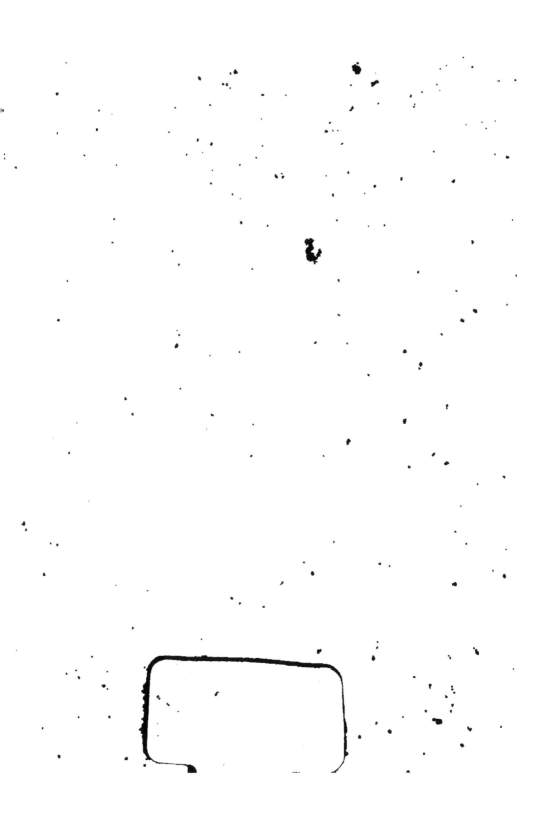